D1393131

L'art de se vendre

Willet WEEKS

L'art de se vendre

traduit de l'américain par Laura ANDRIAMASINORO

adapté par Cap et bc inc.

QUÉBEC
AGENDA
200, avenue Lambert
Beauceville, Qc
G0M 1A0

2e trimestre 1987
ISBN 2-8929-4024-9

Éditeur européen © Chotard et Associés éditeurs, 1986
Éditeur canadien © Québec Agenda, 1987

Imprimé au Canada

SOMMAIRE

Introduction... 9

1. Définir vos objectifs 15

2. Un secret bien gardé............................ 35
   Le bureau vu de l'autre côté.................. 38
   Les trois catégories d'entretien............... 46

3. Du jeu de fléchettes à la partie de tennis 49

4. Rencontrer l'employeur ou le professionnel du
   recrutement 59
   Rencontre avec les entreprises............... 64

5. La communication non verbale.................. 71

6. Jour J moins 1 83
   Le dossier personnel 85
   Comment utiliser le dossier personnel? 86
   À la bonne heure! Mais laquelle?............ 88

7. Le négociateur pro-actif......................... 91
   Les cinq premières minutes................... 94

8. Derrière les mots 101

9. Au cœur de la négociation...................... 111
   Ouverture des négociations de salaire 115

10. Questions « fétiches » 121

11. Réussir sa sortie 129
    Confirmer sa candidature 132

12. La consultation 135
    Comment organiser une consultation ? 141
    Scénario d'une consultation 142
        Première formule 143
        Deuxième formule 144

13. Négociations ultérieures 147
    Points à préciser dans la lettre d'engagement 149

14. En résumé 153

Bibliographie 161

N.D.L.R.: Malgré l'emploi du masculin générique pour certaines appellations et titres de fonction (candidat, interviewer, client, dirigeant, «décideur», etc.), le présent livre ne s'adresse pas moins aux femmes, et celles-ci sauront sûrement «lire au féminin».

INTRODUCTION

J'ai consacré ces douze dernières années à conseiller des cadres dirigeants qui souhaitaient réorienter leur carrière. Et j'ai pu constater — à mon grand regret — qu'un bon nombre d'entre eux acceptaient des situations bien en deçà de leur valeur. Et cela, pour une raison fort simple, et nullement fatale : leur mauvaise prestation à l'entretien d'embauche. J'ai ainsi guidé plus de 6 000 cadres dans leur réorientation professionnelle. En situation d'interview, beaucoup se comportent de telle façon qu'ils sont systématiquement écartés de postes pour lesquels je les sais — comme *ils* se savent — parfaitement qualifiés. La plupart en ont d'ailleurs largement fait la preuve au cours de leur précédente carrière. Jusqu'au moment où ils décident d'en changer...

En fait, la progression très régulière qu'ils ont connue jusque-là ne les prépare guère à voir leur candidature repoussée. Chaque refus est alors interprété comme un rejet global d'eux-mêmes et provoque un choc psychologique important, souvent suivi d'une spirale dépressive. Processus qui a fort bien été décrit dans une étude effectuée par le ministère du Travail britannique.

Vous avez sans doute eu l'occasion d'assister à ce phénomène chez un associé, un proche, ou peut-être vous-même. D'abord l'optimisme règne, puis chaque rejet entame un peu plus la confiance en soi ; viennent ensuite l'anxiété et la fâcheuse tendance à se considérer comme un « perdant ». Alors s'installent l'amertume et finalement la conduite d'échec qui ne peuvent plus désormais échapper à l'interviewer.

Ce livre se propose de vous aider à *réussir vos entretiens d'embauche*, grâce à une qualité qui nous fait souvent défaut : *l'objectivité* sur nous-même. Le processus d'auto-dépréciation que je viens de décrire tient à la vision *subjective* que le candidat a de sa propre personne, et de ce qu'il *perçoit* comme ses échecs. Mon travail est précisément d'inviter mes clients à examiner leur situation de l'extérieur, à se regarder avec les yeux des autres. Et à adapter à leur personnalité quelques principes de base de la négociation qui se sont révélés maintes et maintes fois efficaces.

Le but de ce livre n'est pas de vous donner des recettes pour entrer en contact avec d'éventuels employeurs. Il existe déjà une abondante littérature sur le sujet. Je vous propose d'ailleurs une sélection de quelques titres à la fin de cet ouvrage, bien que je n'approuve pas toujours leurs recommandations.

Nous nous intéressons ici à l'étape suivante : celle du face à face avec un employeur potentiel ou un recruteur professionnel.

Considérons dès le départ que l'entretien d'embauche est une forme de transaction très particulière. Si l'on essaye, par exemple de trouver des analogies avec une demande en mariage — où le refus est également possible — il faut bien reconnaître qu'en général les sentiments y ont le dernier mot « pour le meilleur ou pour le pire ». Sauf exception, l'analogie avec l'entretien d'embauche s'arrête donc là. Si l'on prend maintenant l'entretien d'admission à une grande école — où le refus est toujours possible — là, l'élément de *négociation* est aussi négligeable qu'il est

important dans l'entretien d'embauche. Disons-le clairement : celui-ci constitue un échange unique en son genre.
Et pourtant, combien d'entre nous l'abordent avec les
mêmes attitudes et automatismes qui nous ont réussi dans
nos relations tant personnelles que professionnelles ?
Malheureusement, ce qui, d'ordinaire, convient parfaitement, risque de nous desservir au moment où nous
postulons un nouvel emploi. Ne cherchons pas plus loin la
cause majeure de tant d'échecs : l'erreur est de négliger
qu'il s'agit d'une expérience unique qui requiert l'apprentissage de techniques adaptées. Une berline familiale et
une voiture de formule 1 ne se conduisent pas de la même
façon. Pourquoi tant de gens imaginent-ils alors que leurs
qualités professionnelles (de gens d'affaires, d'ingénieur,
de comptable, etc.) leur permettront tout naturellement de
mener à bien la négociation d'une situation idéale ? Quel
que soit le nombre d'entretiens que vous avez eus par le
passé, je vous engage à prendre du recul par rapport à ces
expériences, et à envisager d'un œil neuf ce qui se passe en
réalité dans ces rencontres. Si tel est votre désir, vous
pourriez bien réaliser l'un des meilleurs investissements
de votre vie.

Comment évaluer la valeur d'options concrètes pour l'avenir ? Comment mesurer le sentiment de liberté que procure
l'assurance d'obtenir une bonne situation quand le temps
est venu d'en changer ? Bien qu'une telle estimation soit
difficile, parmi les éléments de votre carrière, il en est un
que vous pouvez calculer avec une certaine exactitude :
votre futur salaire. Sur ce seul point, le temps que vous
aurez consacré à l'élaboration de votre technique d'entretien peut vous rapporter de sérieux bénéfices. Car plus
habile sera la conduite de vos entretiens, plus vous obtiendrez d'offres d'emploi. Votre position dans la négociation
s'en trouvera renforcée, en particulier au moment de
discuter de vos rémunérations. Mais, vous y gagnerez
autre chose encore : en effet, si votre expérience professionnelle des affaires est d'une aide négligeable lorsqu'il

s'agit de « vous vendre », l'inverse n'est pas vrai. J'ai de nombreux clients — peut-être la majorité — dont les comportements, aussi bien sur le plan de l'encadrement, du marketing, que des relations humaines, ont bénéficié de manière tangible de leur entraînement aux techniques de l'entretien d'embauche.

Il peut donc devenir très rentable de réexaminer votre comportement en situation d'entretien. Cependant, un tel examen portera tous ses fruits à une condition — facile à énoncer mais autrement difficile à réaliser — : une très grande ouverture d'esprit. Pour s'inspirer pleinement des réussites d'autrui, il est indispensable de se débarrasser d'un certain nombre d'idées reçues et de pratiques que l'on affectionne — un peu comme de vieilles pantoufles — parce qu'elles sont confortables. Alors que le changement se fait rarement sans peine.

Ainsi, vous tirerez le meilleur profit de ce qui suit, à deux conditions :

- accepter l'idée qu'élever le niveau de votre aptitude à la négociation est primordial pour vous et votre famille ;
- être prêt pour cela à abandonner vos a priori sur la question.

À mesure que vous renouvellerez votre façon d'envisager la négociation, il est bon de vous rappeler que votre interlocuteur est un expert, ayant consulté de nombreux livres et revues d'affaires concernant la sélection scientifique de dirigeants d'entreprise, et en particulier les modes d'interview des candidats.

En revanche, les informations à la disposition du candidat sont bien maigres, si l'on excepte quelques bureaux de consultants qui louent leur plus ou moins grande compétence au prix fort.

Ce livre vise à rétablir l'équilibre. Il épouse le point de vue du *candidat*. L'employeur peut y trouver des indications utiles — et d'autres moins à son goût. Je suis cependant convaincu qu'aider des cadres ayant les compétences requises à se frayer un chemin vers des situations leur apportant la satisfaction et la progression auxquelles ils peuvent prétendre est tout aussi bénéfique à l'entreprise qu'à ceux qu'elle aura ainsi recrutés.

C'est dans cet esprit que nous examinerons ce qui se passe réellement au cours d'un entretien d'embauche. Sans négliger toutefois son indispensable préambule : *la définition de vos objectifs*.

CHAPITRE 1

DÉFINIR VOS OBJECTIFS

Le meilleur moyen d'optimiser votre carrière et d'orienter votre choix est certainement de procéder à une définition *réaliste* de vos objectifs. C'est un peu comme tester les performances de votre voiture (voir comment elle se comporte en ville, sur route, ou sur terrain difficile, contrôler sa capacité de freinage, sa consommation, apprécier son confort, etc.). Les résultats permettent de connaître les possibilités et les limites de votre véhicule. De même, c'est en connaissant vos possibilités et vos limites que vous parviendrez à établir un plan de carrière — *à condition* toutefois que vous soyez prêt à analyser en toute objectivité votre caractère et la façon dont vous envisagez votre vie personnelle et professionnelle. C'est une tâche difficile, mais qui peut être gratifiante. Elle consiste à vous poser certaines questions et à y répondre le plus sincèrement possible. Considérons pour commencer les quatre grandes orientations qui peuvent se présenter à vous :

1. Le choix de responsabilités de direction accrues.
2. La poursuite d'une activité spécialisée.
3. La combinaison de ces deux orientations en optant pour la direction d'une équipe dans le domaine de votre spécialité. Nous faisons ici référence à des fonctions qui ne sont pas, à proprement parler, liées à la direction

générale, par exemple : responsable du personnel, responsable de projet, responsable des relations publiques, directeur de recherche.
4. Le choix d'une activité à votre compte.
Comparer votre personnalité avec celle des gens qui ont réussi dans ces différents rôles est un moyen commode de vous situer. Examinons donc leurs caractéristiques. Cet exercice devrait vous donner une vision plus claire de la voie professionnelle la mieux adaptée pour vous, en termes de satisfaction professionnelle et de possibilités d'évolution.

PROFIL NUMÉRO UN:
LE DIRIGEANT D'ENTREPRISE

C'est une personne qui prend part aux décisions au plus haut niveau et qui est responsable de leur application.

Les réponses que vous ferez aux questions suivantes devraient vous permettre de vérifier si telle est votre voie, ou si vous risquez, à un moment de votre progression, de vous trouver bloqué.

1) Avez-vous le sens de la communication?

Les dirigeants d'entreprise possèdent généralement cette qualité. Cela ne veut pas dire que leurs propos font nécessairement plaisir à ceux qui les entendent, ni qu'ils sont d'excellents orateurs. Mais qu'ils ont la faculté de «faire passer» le message — sur le papier ou de vive voix — qu'ils veulent transmettre. Si celui-ci est obscur, c'est qu'il a été prémédité ainsi.

2) Êtes-vous à l'aise avec les chiffres?

Un directeur général qui sait manier le verbe mais qui est mauvais comptable est sévèrement handicapé. De plus, il est à la merci des esprits mathématiques (tels que le contrôleur des impôts) qui savent comment on peut manipuler les chiffres.

3) Pouvez-vous fournir de longues journées de travail durant une, voire plusieurs semaines?

La plupart des dirigeants font preuve d'une grande énergie et d'une forte motivation. Ils n'épargnent ni leur temps, ni leurs efforts quand il s'agit de résoudre un problème.

4) Placez-vous votre famille au premier rang de vos préoccupations?

Ce n'est certes pas typique d'un dirigeant. Je décline toute responsabilité dans la conception du monde des affaires tel qu'il est. Mais il faut bien reconnaître que le dirigeant « modèle » donne presque toujours la priorité à son travail. Ce choix n'est pas si austère qu'il le paraît, car il y a de fortes chances qu'il ait choisi un conjoint qui épouse ses ambitions et qui se montre coopératif, même au-delà de ce que les observateurs extérieurs jugeraient raisonnable.

5) La façon dont vous envisagez votre travail est-elle fondamentalement optimiste?

J'utilise ici ce terme dans un sens particulier, que je pourrais traduire par « optimisme fonctionnel ». Je veux dire par là que le dirigeant considère les problèmes en termes de solutions, plutôt qu'en termes de catastrophes éventuelles. Le président des États-Unis Lyndon Johnson fut parfois raillé par la presse pour avoir dit, aux jours les plus sombres de la guerre du Viêt-nam, qu'il apercevait la lumière au bout du tunnel. Sans doute cette attitude ne lui a-t-elle pas été favorable, mais elle illustre cependant la tournure d'esprit avec laquelle un dirigeant accueille les problèmes auxquels il est confronté.

6) Savez-vous contrôler — voire manipuler — l'action des autres, quand cela est nécessaire?

La plupart du temps, la personne de pouvoir est, reconnaissons-le, bonne manipulatrice. Elle sait deviner les intentions, les faiblesses, les craintes et les qualités de ses supérieurs, collaborateurs et subordonnés. Elle se préoccupe cependant davantage des forces qui se trouvent *au-dessus* d'elle, sur lesquelles elle essaye d'influer, que de répondre aux besoins de son personnel (lacune qu'elle sait en général dissimuler). Autrement dit, ce n'est pas quelqu'un qui laisse les sentiments guider son action.

7) Possédez-vous quelques talents de créateur ou d'innovateur ?

La personne dont nous parlons est capable de faire la synthèse d'idées disparates afin d'en tirer de nouveaux produits, de nouvelles idées, de nouvelles voies pour l'avenir. Il ne s'agit pas de la créativité au sens artistique, mais plutôt de celle dont ces deux jeunes gens d'Akron (dans l'Ohio) ont fait preuve quand, dans leur atelier de cycles, ils conçurent l'idée d'un appareil assemblant des roues de bicyclette, un moteur à combustion interne et des ailes, qui serait capable de voler.

8) Êtes-vous avide d'informations en tout genre ?

La plupart des dirigeants le sont. Ils dévorent l'information sans a priori, pour le seul plaisir de satisfaire leur curiosité. Ce don d'assimiler les faits, les idées, de prévoir les tendances et les modes, est intimement lié à la qualité précédente : la créativité. C'est dans la masse d'informations accumulées que les dirigeants et autres « décideurs » trouvent matière à de futures innovations.

9) Êtes-vous prêt à placer la santé de votre organisation avant toute considération affective ?

S'il devient nécessaire de licencier pour assurer le bon fonctionnement de l'entreprise, la personne qui détient ce pouvoir l'utilisera sans hésitation, partant du principe que l'intérêt commun précède les intérêts particuliers.

10) Détestez-vous les situations conflictuelles ?

Le dirigeant n'est à l'évidence pas de ceux-là. C'est au contraire quelqu'un que la lutte stimule. En un mot, un « battant » qui envisage peut-être la vie comme un défi. Chacune de ses victoires lui donne plus de confiance en lui. *Gagner* est sa passion, qu'il s'agisse de remporter un combat singulier ou de faire triompher son entreprise dans la compétition pour les plus grands marchés et les meilleurs profits.

11) Êtes-vous doué de ce que l'on appelle l'intelligence intuitive ?

En d'autres termes, êtes-vous capable de prendre rapidement la décision adaptée à un problème quand il n'y a guère de temps pour l'analyse et la réflexion. Un bon dirigeant ne fait pas systématiquement des choix satisfaisants dans de telles circonstances, mais il y parvient assez souvent pour que ses résultats plaident en sa faveur. Il préfère naturellement les situations auxquelles il a le temps de réfléchir, mais sait faire face aux urgences et prendre les options qu'il *pressent* être les meilleures.

PROFIL NUMÉRO DEUX : LE SPÉCIALISTE

Il existe un autre personnage — moins bien payé sans doute, mais probablement plus heureux que le dirigeant — qui aime, parfois avec passion, son métier. S'il s'en détourne, sous la pression familiale ou sociale, il risque de regretter amèrement de s'être fourvoyé dans une carrière qui n'était pas la sienne, surtout s'il s'est égaré sans retour.

Pourriez-vous être ce personnage ?

1) Êtes-vous méticuleux, cherchant toujours à approcher la perfection ?

Le spécialiste déteste faillir à ses idéaux, qu'il ait une fonction de recherche, de conception, d'analyse ou toute autre activité qui requiert une grande précision.

2) Hésitez-vous à déléguer une partie de vos tâches ?

En raison de son attachement au travail bien fait, le spécialiste se sent souvent le seul dépositaire de la qualité. Aussi a-t-il tendance à tout superviser, jusqu'à heurter parfois la sensibilité de ses collaborateurs, et provoquer leur amertume, ceux-ci interprétant ce monopole — à tort ou à raison — comme une remise en cause de leurs compétences.

3) Éprouvez-vous une sympathie particulière pour ceux qui exercent la même activité que vous ?

Le fait de partager les mêmes aspirations crée une sorte de compagnonnage. Si l'affectivité s'en mêle, le spécialiste peut prendre fait et cause pour l'un de ses « compagnons » malgré les faiblesses ou les comportements plus ou moins scrupuleux de celui-ci.

21

4) Êtes-vous un partisan de la famille-avant-tout ?

Nous avons vu que ce n'était pas l'ordre des priorités du dirigeant d'entreprise qui s'intéresse davantage à sa carrière qu'à sa vie familiale. Le spécialiste, en revanche, parlera plus volontiers de « concilier » les deux et aspirera à l'« harmonie » entre sa vie professionnelle et sa vie privée (cette dernière désignant non seulement sa vie familiale, mais également ses activités de loisir, qu'elles soient intellectuelles ou manuelles).

5) Cherchez-vous, avant tout, à obtenir des résultats ?

En ce cas, vous possédez cette qualité en commun avec le dirigeant. Toutefois, le mot « résultat » peut prendre des sens divers. Pour le spécialiste, il se réfère probablement à des résultats à court terme et, plus précisément, au succès du projet en cours. Par contre, les hauts responsables d'une entreprise spéculent plutôt sur le long terme, escomptant des résultats à des mois, voire des années, de distance.

6) L'expression « intrigues de couloirs » résonne-t-elle désagréablement à votre oreille ?

Ce n'est pas la réaction du manager de haut rang, qui, en homme d'affaires qui se respecte, trouve tout à fait normal d'agir pour ses intérêts propres. Cette expression n'évoque pour lui aucun sentiment particulier, sinon une farouche détermination à jouer plus habilement que ses concurrents.

7) Est-il essentiel pour vous de gagner un salaire élevé ?

C'est une question certes très subjective, tout dépend en effet de la définition que l'on donne à « élevé ». Mais il est vraisemblable que les prétentions salariales d'un directeur général ne seront pas du tout les mêmes que celles du spécialiste.

Ajoutons que la motivation majeure du dirigeant n'est pas l'argent, mais le pouvoir. Il envisage malgré tout sa rémunération comme la sanction et la reconnaissance de ses succès. Tandis que le spécialiste est avant tout guidé par le souci d'exceller dans sa profession, la rétribution de ses efforts venant seulement ensuite.

8) Quelles sont vos lectures favorites?

Préférez-vous les revues spécialisées aux magazines d'actualité? Rejetez-vous les livres de fiction, parce qu'ils ne vous «disent rien»? Dédaignez-vous les ouvrages de sociologie ou de psychologie, qui ne sont peut-être pour vous que des pseudo-sciences? Nous avons déjà évoqué l'éclectisme du dirigeant d'entreprise en matière d'information. Le spécialiste est peu enclin à «perdre son temps» et préfère les lectures qui l'intéressent directement.

PROFIL NUMÉRO TROIS : LE CHEF D'ÉQUIPE

Nous parlons ici de la personne capable de diriger un groupe de personnes jusqu'à la réalisation d'un ou plusieurs projets. Elle exerce à la fois un rôle de responsable et une fonction spécialisée. Elle dirige, par exemple, un laboratoire de recherche, ou bien le service du personnel, ou encore le service comptable. Son niveau de responsabilité est variable, et son efficacité au fur à mesure de sa progression dépendra largement de sa capacité à combiner les qualités du dirigeant et du spécialiste.

Voyons si elle a quelque ressemblance avec vous.

1) Entretenez-vous de bonnes relations avec vos subordonnés ?

Le chef d'équipe est généralement attentif aux besoins de ceux qu'il dirige, avec lesquels il entretient des rapports beaucoup plus étroits qu'avec ses supérieurs. Il se soucie également de l'avancement et du moral de « ses troupes ». Son rôle est de défendre leurs intérêts, c'est, en termes d'analyse transactionnelle, un bon Parent.

2) Prenez-vous souvent vos décisions sans concertation préalable avec toutes les instances concernées ?

Du fait de son parti pris en faveur de ses subordonnés, le chef d'équipe néglige parfois de consulter sa direction avant d'appliquer la décision qu'il a prise. Cette propension à l'autonomie risque de lui poser quelques problèmes quand il devra justifier ses choix auprès de ses supérieurs.

3) L'absence d'une politique claire dans l'entreprise est-elle pour vous source d'insatisfaction?

Le chef d'équipe n'est pas un entrepreneur ni quelqu'un qu'attirent les rigueurs du pouvoir au sommet de la hiérarchie. Il n'en possède pas moins une nette tendance à l'autonomie. Il apprécie que sa direction ait une politique globale et des objectifs bien définis, et surtout qu'ils soient communiqués à tous les responsables, du haut en bas de l'échelle. En l'absence d'orientation claire, le chef d'équipe se sent mal à l'aise, et ce sentiment d'insécurité risque de se muer graduellement en hostilité envers ses supérieurs.

4) Accordez-vous parfois une confiance excessive aux personnes qui travaillent pour vous?

Si le dirigeant ne fait guère preuve de sentiment envers son personnel et si le spécialiste montre bien peu de gratitude à ceux qui participent à ses efforts, le chef d'équipe, quant à lui, a tendance à croire — avec quelque naïveté parfois — que tout le monde partage son dévouement et sa préférence pour les rapports francs et ouverts entre membres d'une même équipe. Aussi est-il douloureusement surpris quand il constate que certains défendent des intérêts tout autres que ceux de l'équipe, et intriguent même contre lui.

5) Êtes-vous fondamentalement optimiste ou pessimiste?

Le chef d'équipe n'est en général ni l'un ni l'autre. Le directeur comptable tendra plutôt vers un «pessimisme fonctionnel», parce que c'est l'attitude la plus sûre. Le chef de produit adoptera au contraire une attitude plus positive s'il veut maintenir un climat d'émulation au sein de son équipe. Mais tous deux éviteront les attitudes négatives qui nuiraient au bon exercice de leurs fonctions.

6) Êtes-vous attentif aux détails ?

Si vous répondez par l'affirmative, vous vous situez à mi-chemin entre le spécialiste et le dirigeant. Ce dernier s'impose de faire attention à certains détails dont il sait que la négligence pourrait avoir des conséquences fâcheuses. Le spécialiste, en revanche, soigne son œuvre dans les moindres détails par goût de la perfection. Le chef d'équipe se comporte, sur ce point encore, de façon plus modérée.

7) Quelle est votre aptitude à vendre vos compétences et vos idées ?

Le chef d'équipe n'est guère plus brillant que le spécialiste en ce domaine. Tous deux préfèrent que leurs performances parlent pour eux — leur famille leur ayant sans doute inculqué très tôt les hautes vertus de la modestie. C'est là une caractéristique les distinguant nettement du dirigeant.

8) Est-ce qu'obtenir des résultats est une importante motivation pour vous ?

Ce point est directement lié au précédent, puisque vous comptez sur l'éloquence de vos résultats pour gagner la reconnaissance de vos dirigeants. Malheureusement, ainsi que nous l'avons déjà remarqué, reconnaissance et gratitude ne sont pas la marque distinctive du dirigeant que bien d'autres choses préoccupent. La frustration qui en résulte se traduit souvent par un sentiment d'« injustice ». Ce mot revient d'ailleurs souvent dans mes conversations avec ceux qui occupent les fonctions de chef d'équipe.

9) Êtes-vous impulsif ?

Nous faisons allusion ici au talon d'Achille de nombreux chefs d'équipe. À la fois conscients de leurs qualités et pris entre les exigences de rigueur du spécialiste et les obligations multiples de l'encadrement, ils ressentent souvent une insatisfaction bien compréhensible. De plus, ils ne connaissent pas la griserie des jeux de pouvoirs dont ils sont rarement adeptes, et leur frustration ne trouve guère de compensation. Devant l'absence de gratification et d'évolution, il arrive que certains conçoivent un ressentiment croissant, donnant lieu à des manifestations parfois préjudiciables pour eux, telles que des récriminations envers leur direction, une résistance passive — voire active — en réunion, jusqu'à ce que leur « ras-le-bol » éclate au grand jour.

PROFIL NUMÉRO QUATRE : L'ENTREPRENEUR

Les caractéristiques du véritable entrepreneur — celui qui monte sa propre affaire — le distinguent radicalement des trois premiers profils décrits. En fait l'expérience m'a montré que guère plus de six pour cent des cadres possèdent les qualités requises pour fonder une entreprise. Et même quand les dispositions personnelles sont présentes, encore faut-il réunir les moyens matériels et intellectuels (capital, conception du produit ou du service à créer, etc.).

Le danger pour la plupart des gens est d'agir dans le seul but d'« échapper au système », et de satisfaire leur désir de liberté. Cette motivation est bien légitime chez ceux qui ne retirent aucune satisfaction de leur activité. Ils devraient cependant analyser aussi objectivement que possible leurs chances de réussite avant de se lancer dans une quelconque entreprise personnelle. Pour les y aider, voici les traits typiques qui constituent à ma connaissance le profil de l'entrepreneur à succès.

1) Est-il important pour vous que vos mérites soient reconnus ?

L'entrepreneur doit pouvoir évaluer lui-même la qualité de son travail. Il n'a pas de supérieurs pour le faire à sa place. Il sait par ailleurs que mieux vaut ne pas trop se fier aux éloges de ses subordonnés.

2) Savez-vous faire preuve de détermination ?

L'entrepreneur fera tout ce qui est en son pouvoir pour assurer la prospérité de son entreprise et n'hésitera pas à écarter ceux qu'il juge improductifs. Il n'hésitera pas non plus à faire état de prévisions exagérément optimistes pour obtenir davantage des banques et autres sources de capitaux. Il ne fera aucun cadeau à ses concurrents, ni à ceux qui menacent son « œuvre » ». Affaires et sentiments sont incompatibles.

3) Quel est votre potentiel d'énergie ?

Créer sa propre entreprise suppose des contraintes auxquelles peu de gens seraient prêts à se plier. En cas de crise ou de brusque accélération de la demande, l'entrepreneur acceptera de travailler quatorze heures d'affilée sept jours sur sept, si c'est nécessaire. Au début, il est souvent surpris, mais non désarçonné, par la quantité de petits problèmes qu'il doit résoudre, et qui ne lui apparaissaient pas tant qu'il travaillait au sein d'une entreprise. Maintenant qu'il est à la tête du personnel, il doit contrôler de A à Z son activité (comptabilité, promotion, vente, etc.).

4) Êtes-vous prêt à négliger votre vie familiale ?

La question peut paraître brutale, mais elle est la conséquence directe de la situation décrite jusqu'ici. Chacun, ou presque, est conscient de ses responsabilités à cet égard ; mais si vous êtes trop profondément attaché à la vie de famille, ou si vous savez que votre conjoint ne vous soutiendrait pas dans votre entreprise en prenant en charge la majeure partie des tâches familiales (et si vous tenez à lui), le projet de créer votre entreprise semble sérieusement remis en question.

5) Quels sont, d'après vous, les facteurs les plus importants pour réussir en affaires ?

À cette question, il y a deux sortes de réponses possibles : la première mettra en avant des qualités telles que la puissance de travail, les bonnes relations avec autrui, l'intégrité, la créativité, etc. Ce n'est pas exactement la réponse de l'entrepreneur-né. La seconde insistera sur l'importance de s'assurer un bon produit, un marché important, des capitaux suffisants, etc. Selon que vous répondrez spontanément de l'une ou l'autre façon, vous saurez s'il est plus prudent pour vous de rester au sein d'une société, ou si vous pouvez tenter de faire cavalier seul.

6) Possédez-vous la plupart des caractéristiques du dirigeant d'entreprise ?

Outre ses qualités particulières, l'entrepreneur doit bien évidemment posséder celles d'un dirigeant. C'est souvent là le point faible de nombreux créateurs d'entreprise. Ils ont l'imagination et les dispositions requises qui permettent à leur projet de voir le jour, mais sont ensuite incapables de faire face aux différents problèmes de management, et se voient parfois obligés de partager le pouvoir avec un dirigeant chevronné.

7) La sécurité matérielle est-elle une de vos priorités ?

Si c'est le cas, vous risquez de vivre dans une perpétuelle anxiété, ce qui deviendrait vite intolérable. Pour l'entrepreneur, les problèmes de trésorerie sont, si j'ose dire, monnaie courante — qu'ils soient dus à des grèves, ou à n'importe quelle autre circonstance indépendante de votre volonté. La liste est longue des incidents qui peuvent contrecarrer vos plans et la carrière aventureuse de l'entrepreneur ne devrait pas tenter les partisans d'une vie tranquille et sûre.

Il n'existe probablement personne qui corresponde exactement à l'une ou l'autre de ces descriptions. Mais vous pouvez parfaitement vous reconnaître dans le personnage avec qui vous partagez le plus de traits communs. Vous pourrez ainsi définir vos objectifs avec plus de certitude, et les défendre avec plus d'assurance le moment venu.

Sans cet examen préalable, vous seriez handicapé lors de vos futurs contacts avec les employeurs, car on ne négocie bien que ce que l'on est — encore faut-il le savoir.

QUEL SECTEUR D'ACTIVITÉ?

Pour certaines personnes le choix d'une branche pro-fessionnelle est fait depuis longtemps déjà. La formation très spécialisée des ingénieurs et techniciens supérieurs leur fournit d'emblée une orientation. Quant à celles dont les compétences sont transposables dans différents domai-nes, qu'elles se dirigent vers celui qui les attire le plus semble assez judicieux.

Les gens qui ont un penchant pour la création devraient tout naturellement se tourner vers le monde de la publicité, du cinéma ou de l'édition, et vers les médias en général. Pourvu que leurs qualifications y soient réellement utilisa-bles. À eux de juger de leurs possibilités et de leurs limites. La personne dont la fonction principale a été de vendre des machines-outils, aura sans doute quelque difficulté à s'intégrer parmi les professionnels de la mode.

QUELLE ENTREPRISE CHOISIR: PME OU MULTINATIONALE?

La taille de la société qui vous conviendrait le mieux dépend

1. de votre désir d'autonomie;
2. de votre habileté à manœuvrer dans les hautes sphères de la hiérarchie.

Le spécialiste et le chef d'équipe ont un certain esprit d'indépendance, et leur goût des responsabilités s'expri-mera le mieux dans une petite ou moyenne entreprise, ou encore dans une filiale disposant d'une certaine autonomie (de préférence, la filiale d'un groupe étranger). En revan-che, le dirigeant optera plutôt pour une société de plus grande envergure, une multinationale, par exemple. Il ira là où la concurrence est la plus forte et la moins limitée. Là où il y a toujours un pouvoir plus important à conquérir.

J'ose espérer que ces indications vous aideront à mieux déterminer votre orientation. Mais que ce soit par la réflexion personnelle ou par la consultation d'avis extérieurs, vous arriverez à la même conclusion : la carrière d'un cadre n'évolue pas de façon satisfaisante par accident. Il ne suffit pas d'attendre que des occasions se présentent et de s'en saisir, mais bien davantage de s'y ajuster et d'aller à leur rencontre.

CHAPITRE 2

UN SECRET BIEN GARDÉ

Rares sont les cadres qui voient dans la recherche d'un nouvel emploi autre chose qu'une expérience pénible. Ils expliquent souvent leur désir de changement de façon non moins négative : promotion insuffisante, emploi menacé, voire incompatibilité avec la direction.

De plus, il faut bien dire qu'en général les gens n'aiment pas être soumis au jugement d'autrui, surtout s'ils ne reconnaissent — parfois avec raison — aucune supériorité à leurs « juges ».

Tandis que la recherche d'un emploi se poursuit, un autre élément augmente la frustration. Le candidat, un tant soit peu réaliste, sait qu'il a peu de chances de voir ses premiers contacts couronnés de succès. (En me basant sur mes propres chiffres, je dirais que sur sept entretiens initiaux, six resteront sans suite.) Si l'on ne peut qu'accepter cet état de fait, autant bénéficier au maximum de ces expériences en en tirant tous les enseignements.

Ce souhait paraît raisonnable, et pourtant le candidat se heurte alors à un étrange phénomène : chaque fois qu'il tente d'apprendre pourquoi il n'a pas été sélectionné pour tel ou tel poste, les responsables du recrutement (internes ou externes à l'entreprise) manquent totalement de franchise. Pourquoi se dérobent-ils quand il s'agit de révéler les raisons de leur choix ? Pourquoi cette vérité, si utile à

35

connaître, reste-t-elle cachée au candidat ? Les uns lui diront qu'il est « trop qualifié » pour le poste — ce qu'on peut traduire librement par « vous êtes trop cher », ou interpréter plus simplement comme une tentative (plutôt inappropriée) de le congédier avec élégance. Les autres expliqueront qu'il leur a été « très difficile de prendre cette décision. Nous tenons à vous faire savoir que vous étiez un des finalistes de notre sélection. Mais le candidat que nous avons retenu avait une longue expérience des alliages X », et ainsi de suite. Il repart, certes réconforté, mais probablement aussi candide qu'au début de sa recherche, et prêt à refaire les mêmes erreurs aux entretiens suivants. Vous pouvez également rencontrer des cas où vous ne serez pas sélectionné pour des raisons évidentes : soit que votre profil ne corresponde pas du tout à celui du poste, soit qu'il n'y ait pas d'entente possible sur le salaire, soit encore que les informations concernant l'entreprise, le poste, ou même votre interlocuteur vous aient déçu. En somme, ces raisons ont toutes en commun *de vous placer dans des situations que vous ne voudriez — et ne devriez — en aucun cas prolonger.*

Ce n'est pas cela qui nous préoccupe, mais bien plutôt ces situations intéressantes pour lesquelles vous êtes qualifié et qui promettent la satisfaction et l'évolution que vous êtes en droit d'attendre. Quand elles vous échappent, c'est là que le bât blesse, et que vous vous laissez aller à la sombre méditation des raisons de cet insuccès.

N'attendez pas d'avoir perdu une ou plusieurs de ces occasions pour comprendre les motifs profonds pour lesquels les employeurs cachent la vérité aux candidats malchanceux. S'ils ne vous donnent pas leurs vraies raisons, c'est *qu'eux-mêmes les trouvent sujettes à caution*. Le plus souvent, c'est purement et simplement une question *d'affinité*, une façon d'être, de se présenter, qui a déterminé leur préférence. L'avouer au « perdant » serait non seulement blessant, mais les exposerait à des critiques

quant aux critères éminemment subjectifs de leur sélection. Ainsi règne la loi du silence chaque fois qu'on
interroge un employeur sur les motivations profondes de
son choix.

Une seule solution : trouvez vous-même la réponse.

Souhaitons que vous lisiez ces mots préalablement à votre
recherche. Vous n'entreprendrez jamais trop tôt (ni trop
tard) la tâche délicate, voire douloureuse, qui consiste à
évaluer vous-même la façon dont vous êtes perçu. Le
contexte de l'entretien d'embauche vous expose tout particulièrement à être jugé, et le verdict aura un impact
considérable sur votre avenir. Cela vaut bien le temps et la
peine que vous prendrez pour vous y préparer et influencer
ce verdict en votre faveur.

LE BUREAU VU DE L'AUTRE CÔTÉ

Dès mes premiers contacts avec des cadres cherchant à changer d'emploi, j'ai souvent été frappé par ce fait étrange : il est tout à fait possible qu'une personne habituée aux responsabilités se révèle, dans certaines circonstances, deux personnages distincts. L'un est un cadre efficace, faisant preuve d'autorité et d'une réelle aptitude à la négociation, qualités indispensables à la prospérité de son entreprise (en bref, quelqu'un qui rentabilise son salaire). C'est, de plus, un cadre qui n'hésite pas à rencontrer des candidats pour constituer sa propre équipe. Pourtant, qu'observons-nous quand il se trouve, non plus derrière mais devant le bureau, à la place du postulant ? Soudain, l'autre personnage apparaît, embarrassé et cherchant vainement à le masquer, tantôt énumérant d'une voix soporifique les épisodes successifs de sa carrière, tantôt répondant de façon évasive à des questions précises, tantôt encore bradant la négociation de son salaire, sans même s'en rendre compte. Le cadre chevronné semble avoir cédé la place à un collégien pris en faute.

J'ai, certes, pour les besoins de mon propos, tracé un portrait quelque peu caricatural. Mais, en toute franchise, n'avons-nous pas tous à un moment ou à un autre montré des signes de gêne lors d'un entretien d'embauche ? Or, combien d'entre nous se sont posé, en toute objectivité, certaines questions pourtant élémentaires ? Que se passe-t-il *vraiment* au cours de ces entretiens qui modifie à ce point notre comportement habituel, simplement parce que nous avons franchi la faible distance qui sépare les deux côtés d'un bureau ? Pourquoi sommes-nous beaucoup plus convaincants lorsque nous négocions dans l'intérêt de notre société (des produits, des services, etc.) que lorsqu'il s'agit de négocier notre bien-être futur et celui de nos proches ?

Vous trouverez les réponses à ces questions dans les principes qui suivent.

Premier principe : Les entreprises n'engagent pas seulement un curriculum vitæ, des références ou des diplômes, mais aussi (et avant tout), des êtres humains.

Il est indispensable qu'un courant passe entre votre interlocuteur et vous. Si cela n'a pas lieu dès les premières minutes de votre rencontre, il est inutile d'en espérer une issue positive.

Ainsi envisagées, les premières minutes — peut-être même les premières secondes — de votre entretien prennent une importance capitale. Je ne pense pas qu'il soit utile de répéter ici les recommandations les plus courantes sur la façon d'entrer dans un bureau, de saluer, de s'habiller, et tous autres détails qui font sans doute déjà partie de votre pratique quotidienne (mais on oublie souvent qu'il n'y a parfois rien de tel qu'un sourire pour briser la glace lors des premiers échanges).

Pour assurer une bonne synergie entre votre interlocuteur et vous, il y a des problèmes d'attitudes et de comportements bien plus importants à considérer. La question essentielle est celle-ci : Dans une situation de stress potentiel, comment parvenir à se sentir «bien dans sa peau» ou, pour employer un des mots clés de l'analyse transactionnelle américaine, à se sentir « OK » ?   Dans ce contexte, évitons d'utiliser des mots tels que « décontracté ». L'entretien d'embauche est incontestablement une affaire sérieuse pour les deux protagonistes. La compréhension mutuelle n'est pas chose facile, et requiert un certain effort de part et d'autre. Une rencontre décontractée risque fort de ne mener nulle part. Il n'en reste pas moins que toute tension, tant qu'elle n'est pas excessive, peut être éliminée par des *interventions bien choisies*.

Deuxième principe : Le présent et le passé.

Il n'y a pas deux êtres semblables, fort heureusement pour la richesse et le dynamisme de nos échanges quotidiens. Nous partageons cependant un certain nombre d'expériences communes. Cela est particulièrement vrai pour les gens d'affaires et les personnes qui exercent des professions libérales. Si l'on examine leur passé, on découvre en général une vingtaine d'années, souvent plus, consacrées à l'éducation scolaire et familiale qui ont contribué à inscrire des schémas comportementaux de façon quasi définitive. On constate aussi très souvent que leurs parents étaient très préoccupés de leurs performances et de leur future place dans la société.

Que l'influence de ces schémas ne disparaisse jamais complètement est un fait généralement admis, des psychologues aussi bien que des profanes. Loin d'être effacée, cette influence gît au fond de nous, plus ou moins enterrée sous les strates des connaissances acquises et des normes que la société impose à notre façon d'être et d'agir. Chacun sait que certains événements, certaines circonstances peuvent réveiller brutalement des comportements infantiles chez l'adulte : une fête d'anniversaire, une querelle d'amoureux, une situation de frustration. Un des grands clichés hollywoodien, la scène du tribunal, offre un parfait exemple de l'effondrement du comportement adulte. On y voit en général un témoin qui, sous le feu roulant des questions d'un avocat particulièrement diabolique, « craque » et redevient un enfant secoué de sanglots.

Troisième principe : L'interview n'est pas un interrogatoire.

L'entretien d'embauche est fréquemment assimilé, par le candidat, à un examen de sa personnalité et de ses références, avec l'impression sous-jacente d'être mis sur la sellette par un « supérieur » — peut-être son futur patron.

En d'autres termes, il a vraiment le sentiment — même s'il n'en est pas conscient — de subir un interrogatoire.

Une telle illusion est néfaste, mais n'est pas rare. Prendre conscience qu'elle imprègne à notre insu nos attitudes est une première étape dans l'élimination d'un des obstacles majeurs qui nous empêchent d'obtenir les meilleurs résultats de ces rencontres. Il vous sera très profitable d'analyser les conséquences qu'entraîne pour vous le fait de concevoir l'entretien comme une joute insidieusement destinée à vous désarçonner et à vous faire perdre votre propre estime (et j'ajouterais, une joute où la lance de l'adversaire paraît toujours plus redoutable que la vôtre).

Sans être spécialiste de l'analyse transactionnelle [1], vous pouvez fort bien mettre à profit un de ses concepts de base de façon très constructive. Se référant à l'analyse des transactions quotidiennes entre les hommes, ainsi que son nom l'indique, l'analyse transactionnelle repose sur l'hypothèse que la psychologie humaine est constituée de trois éléments, chacun d'eux pouvant entrer en action, de manière parfois imprévisible. L'élément dominant, quelles que soient les circonstances, détermine la nature de nos échanges avec les autres. Ces trois composantes, présentes dans toute transaction, sont l'Adulte, le Parent et l'Enfant.

L'Adulte   C'est la capacité d'appliquer la pensée objective, rationnelle, à l'analyse et à la résolution des problèmes qui se posent à nous, en faisant appel à l'intelligence acquise au cours du processus de maturation par l'apprentissage et l'expérience. Lorsqu'il est au service de nos relations avec autrui, l'Adulte se caractérise par des expressions telles que « voyons, procédons rationnellement ». Il n'y a pour ainsi dire pas de passion chez cet Adulte, et guère plus de spontanéité.

---

1. Les concepts de l'analyse transactionnelle (A.T.) utilisés dans le présent livre sont volontairement simplifiés. Vous consulterez avec profit les ouvrages d'analyse transactionnelle cités dans notre bibliographie.

Le Parent C'est cette part de nous qui a assimilé les schémas comportementaux et les injonctions parentales. N'oublions pas que leur influence est prépondérante à l'âge où nous sommes le plus malléables. Nous n'avons pas forcément conservé la mémoire de ce qui était précisément dit ou fait pendant ces premières années de notre formation; nous n'en avons pas moins gardé l'empreinte émotionnelle. Ainsi, nous pouvons la reconnaître quand nous manifestons des velléités de domination et d'autoritarisme, parfois arbitraires envers les autres. Soyons attentifs à des mots comme: « il faut », « tu devrais », « tu dois », ou encore à un péremptoire « écoute ! ».

L'Enfant C'est cet aspect espiègle et malicieux de la personnalité, qui, dans notre ère industrielle, est souvent perçu comme une menace et un obstacle à des relations impersonnelles et harmonieuses. L'analyse transactionnelle définit l'Enfant comme la composante spontanée et émotionnelle de notre comportement. Comme nous l'avons dit, les impulsions infantiles peuvent être plus ou moins éliminées sans qu'elles cessent pour autant d'influer sur nos comportements ultérieurs. Cependant, le Parent et l'Adulte mènent une guerre intestine à cet élément imprévisible et dérangeant. Les hommes qui conduisent particulièrement bien leur carrière montrent une tendance naturelle à favoriser l'Adulte (la raison) et le Parent (la domination). Ce qui peut se traduire dans certains cas par un effort concerté pour « tuer » l'Enfant imprévisible et vagabond, menaçant de compromettre l'action « rationnelle » et « efficace ». Or, il est illusoire de vouloir détruire cette part d'enfance par un quelconque effort conscient. Je dirais même que plus l'Enfant est ignoré, plus il est susceptible de surgir de façon inattendue et importune (comme les enfants savent si bien faire). En un mot, l'Enfant est impulsif, il peut être pris brutalement d'une crise de colère ou de larmes, ou manifester au contraire la plus franche gaieté, ou nous surprendre par toute autre chose encore.

Il y a souvent dans la personnalité complexe de chacun une tendance dominante vers l'une ou l'autre de ces trois attitudes, mais jamais à l'exclusion totale des deux autres. Telle personne semble toujours conseiller et diriger les autres, jusqu'à tenter parfois de les dominer. Elle joue en quelque sorte le rôle du Parent. Telle autre traite tout problème, même le plus affectif, comme un exercice intellectuel où tout sentiment est absent. Celle-là privilégie l'Adulte. Tandis qu'un troisième personnage, spontané, voire versatile, tantôt gai, tantôt triste, agit guidé par ses sentiments, autrement dit par l'Enfant. Il est en général artiste ou bien créateur.

Dans les circonstances adaptées, les attitudes enfantines insouciantes, ne sont pas sans charme ; mais, à d'autres moments, elles peuvent être littéralement dévastatrices. La soudaine irruption de l'Enfant dans une réunion peut transformer celle-ci en un débat houleux et confus, sans qu'aucun des participants n'en comprenne la raison.

L'analyse transactionnelle part de l'hypothèse que nos relations avec les autres sont marquées par le sentiment que nous avons d'« être OK » ou de « ne pas être OK ». En d'autres termes, le sentiment d'être généralement bien ou mal dans sa peau. Nos relations seront donc dominées par l'une de ces trois combinaisons :

1. « Je suis OK, tu es OK ».
2. « Je ne suis pas OK, tu es OK ».
3. « Je suis OK, tu n'es pas OK ».

Quel lien y a-t-il entre ces divers états d'esprit et l'entretien d'embauche ? Un lien très étroit, comme nous allons le voir. Tout d'abord, une notion même superficielle de la délicate alchimie de nos émotions permet d'éviter le piège qui réside dans la nature même de l'entretien d'embauche, et qui entraîne à lui seul plus d'échecs que n'importe quel autre facteur.

Quatrième principe: L'interview peut provoquer l'émergeance de l'Enfant.

L'entretien d'embauche a clairement une fonction d'investigation, et, par là même, ravive des émotions attachées à l'enfance, qui ne peuvent que parasiter la communication si le candidat n'y prend pas garde. De plus, les sentiments provoqués par cette similitude seront vraisemblablement du type « Je ne suis pas OK », et il y a fort à parier que la rencontre prendra alors l'allure d'une confrontation « Je ne suis pas OK, tu es OK ».

D'où vient ce danger ? Sans aucun doute de la très grande fréquence à laquelle, entre disons zéro et vingt ans, nos comportements sont soumis à l'examen et à la critique des « Grandes Personnes », alors investies d'un pouvoir et d'une supériorité en apparence illimités : parents, instituteurs, professeurs, censeurs, pour n'en citer que quelques-uns. Ces « Grandes Personnes » sont des enquêteurs invétérés et posent toutes sortes de questions qui semblent lourdes de menaces à l'enfant : « Qu'as-tu fait pour être si sale ? », « Pourquoi rentres-tu si tard de l'école ? », « Peux-tu me dire ce que tu comptes faire plus tard avec des notes pareilles ? » Toutes ces questions, génératrices d'anxiété, ont ponctué notre jeunesse, avant même que nous ne possédions les mots pour y répondre correctement. Les effets négatifs de ces transactions se sont accentués avec la scolarité. Les méthodes identiques qu'utilisent les parents pour imposer leur volonté sont un avant-goût du système scolaire : « Silence ! », « Tiens-toi droit ! », « Tu as intérêt à me répondre ! », « C'est bien ! » (rare), « C'est mal ! ».

Naturellement, tous les parents et tous les enseignants n'optent pas pour ce mode de communication unilatérale, du « supérieur » à l'« inférieur ». Une véritable communication existe souvent entre parents et enfants, laissant à ces derniers une chance réelle de s'exprimer. Il est banal de constater qu'au sein des organisations la hiérarchie tend à se structurer sur le modèle familial ; il n'est guère surprenant que les plus aptes à manier les relations avec l'autorité soient aussi ceux qui, dans leur jeunesse, ont connu un véritable échange avec leur famille. Ils ont grandi dans le respect et l'estime réciproque et n'auront aucun mal à envisager de façon positive (OK) les relations professionnelles.

Mais qu'en est-il des autres, qui ont été élevés selon des schémas plus « classiques » ? Ils ont aussi quelques avantages. Ils aiment obtenir des résultats et montrent une forte motivation quand il s'agit de prouver leur valeur. Ils s'imprègnent très tôt de l'idée que persévérance, compétence et bonne volonté sont les meilleurs atouts pour gagner la reconnaissance des autres et la confiance en soi. Aussi mettent-ils ces qualités en avant dans leur profession. J'ai écrit plus haut que les gens qualifiés échouaient nombreux à l'entretien d'embauche. Il est temps maintenant de voir comment on peut combiner des éléments du passé, des influences presque oubliées, avec des réalisations plus récentes, afin de transformer l'entretien en un échange constructif.

LES TROIS CATÉGORIES D'ENTRETIEN

Environ 80 pour cent des candidats tombent dans le piège Parent-Enfant. Tout simplement, parce qu'ils abordent l'entretien comme une séance de questions-réponses, qui leur évoque des souvenirs désagréables où parents et enseignants les harcelaient de questions pour lesquelles ils n'avaient pas de réponses satisfaisantes.

« Pourquoi souhaitez-vous quitter votre entreprise ? » peut ressembler étrangement à des questions plus anciennes, telles que : « Pourquoi veux-tu quitter la section scientifique pour aller en lettres ? » (La raison était que vous n'étiez pas bon en mathématiques. Votre désir de changement actuel ne serait-il pas dû, lui aussi, à semblable faiblesse ?)

D'autres questions typiques éveillent d'autres échos : « Êtes-vous vraiment satisfait de la progression que votre carrière a connue jusqu'ici ? », « Quelle contribution pensez-vous pouvoir apporter à notre société ? » Dans un tout autre contexte, ces questions seraient parfaitement bien reçues, mais si l'interview est inconsciemment vécue comme un interrogatoire, leur interprétation prendra une tout autre valeur. Dans ce cas de figure, le postulant a une attitude défensive. Tandis qu'il cherche la « bonne » réponse, l'interviewer sait déjà quelle sera sa prochaine question. Avant même que l'interviewé ait eu le temps de juger de la réaction de son interlocuteur à sa première réponse, il doit déjà donner une autre « bonne » réponse à une nouvelle question, et ainsi de suite. Au fur et à mesure que ce processus se déroule, le désavantage du candidat se fait plus sensible. Ses idées se bousculent, deviennent confuses. Bref, il se sent de moins en moins « OK ». La rencontre est inégale, et l'écart ne peut que se creuser davantage. Très rapidement, et malgré toute sa compétence et sa maîtrise professionnelle, le candidat sombre dans une transaction Parent-Enfant, dont l'issue n'est que trop prévisible : les pays occidentaux, dans leur grande majorité, se sont prononcés contre le travail des enfants...

Chacun devrait s'assurer contre les échecs inutiles à cette dernière étape de la sélection. J'ai déjà souligné l'importance des premiers instants qui donnent le ton à l'entretien. Ce qui veut dire qu'*avant* chaque interview, vous devez vous préparer à *orienter* la transaction dans une direction autre que la voie Parent-Enfant.

En termes d'analyse transactionnelle, il ne reste que deux possibilités :

Première possibilité : établir une transaction Parent-Parent. On peut s'attendre à ce que les candidats qui optent pour ce type d'approche fassent en général preuve d'agressivité. Leur message peut se résumer ainsi : « Monsieur le Directeur, j'ai appris que votre chiffre d'affaires pour la dernière année fiscale était inférieur à vos prévisions. Il semble qu'il y ait là un problème. Je peux vous assurer de ma capacité à redresser cette situation si vous m'en confiez le soin. »

Le danger d'une telle attitude saute aux yeux. En effet, le candidat propose une division des pouvoirs entre lui-même et celui qui les détient déjà — qui peut très bien être son interlocuteur. Qu'il soit ou non en position de pouvoir, l'interviewer risque ni plus ni moins de recevoir cette proposition comme une atteinte à ses propres prérogatives. Les risques qu'une telle confrontation devienne conflictuelle sont évidents.

Deuxième possibilité : établir une relation Adulte-Adulte. La plupart du temps, c'est la meilleure des options. Elle évite les embûches de la transaction Parent-Enfant et les dangers d'une rencontre Parent-Parent. Le concept d'échange Adulte-Adulte correspond d'ailleurs fort bien à ce qui se passe en réalité lors d'un entretien d'embauche constructif concernant un poste de direction. D'un côté, une personne qui représente l'entreprise exprime certaines conditions à remplir pour répondre à une situation donnée (éventuellement combler une lacune de l'actuel organigramme, résoudre un problème préoccupant, etc.). De l'autre, un cadre possédant certaines compétences acquises par la formation et l'expérience. La question objective — Adulte — se pose alors en ces termes : jusqu'à quel point les besoins de l'entreprise et les qualifications du postulant coïncident-ils ? Par l'approche Adulte-Adulte, je ne préconise pas du tout une rencontre glacée et hyper-rationnelle entre deux intellectuels, où l'intuition et l'émotion ne joueraient aucun rôle. Mais ce qui doit à tout prix être évité, ce sont les sentiments non « OK », qui une fois libérés, risquent de submerger l'Adulte.

Comment s'assurer que *notre* Adulte contrôle notre prestation pendant l'entretien ? C'est la question que nous allons maintenant aborder.

CHAPITRE 3

DU JEU DE FLÉCHETTES À LA PARTIE DE TENNIS

Je pense qu'il est clair maintenant qu'un des objectifs de l'entretien est qu'il réunisse deux Adultes. Un bon échange d'informations n'est possible qu'à cette condition. Mais comment préserver l'Adulte dans un face à face où l'interviewer tient à son rôle habituel de Parent. Comment empêcher l'Enfant subjectif, impulsif et émotionnel de réagir à un bombardement de questions de type Parental et son cortège de réminiscences? Comment, pour être plus précis, transformer l'entretien en une transaction Adulte-Adulte?

RÈGLE NUMÉRO UN: **Si surprenant que cela puisse paraître, je vous suggère de supprimer dès maintenant le mot « interview » de votre vocabulaire.**

Si j'ai moi-même abondamment utilisé ce terme, ce n'est pas sans raison: jusqu'à présent, nous avons examiné les attitudes les plus courantes *avant* que celles-ci ne soient remises en question, ainsi que je le fais avec mes clients. Autrement dit, au mot « interview » correspond l'image mentale classique et conventionnelle que la plupart des gens se font de l'entretien d'embauche. Dans nombre d'échecs, ce terme n'est malheureusement pas innocent. Il implique, en effet, qu'une personne en interroge une autre, afin d'obtenir certaines informations, et éventuellement d'évaluer la pertinence de ses réponses. Ce qui fait de l'interview une sorte d'examen, et donc précisément le genre de transaction que nous déconseillons dans le contexte d'une préembauche.

Nous pourrions également comparer l'interviewer à un joueur de fléchettes, dont la cible serait l'interviewé réduit à se contorsionner afin de dévier ou d'éviter les tirs qui pourraient l'atteindre là où il est vulnérable.

Si, en revanche, on remplace l'idée d'« interview » par l'idée de « rencontre », on se donne une première chance d'engager la discussion sur une base saine. La *rencontre* suppose un *échange* ; on y joue une partie de tennis plutôt qu'une partie de fléchettes. Dans cet échange, les deux protagonistes se renvoient la balle, ce qui favorise la compréhension mutuelle de leur situation respective. Par nature, la rencontre est une transaction Adulte-Adulte, tandis que l'interview connote une transaction Parent-Enfant.

RÈGLE NUMÉRO DEUX : Ne perdez pas de vue cette vérité trop souvent masquée par la hantise de se faire accepter : votre interlocuteur est, a priori, de votre côté.

L'examen des candidatures, dont l'entretien fait partie, occupe parfois une part considérable de l'emploi du temps de la personne qui vous reçoit. La décision finale peut, bien entendu, être cruciale pour son entreprise ou son département. Malgré tout, les heures passées en vaines rencontres sont autant de temps perdu pour ses autres responsabilités. De plus les entretiens de sélection sont rarement synonymes de détente, il y règne toujours une certaine tension, et toute rencontre négative est source de frustration pour chacun des participants.

Pour toutes ces raisons, l'interviewer (nous conservons ce mot, car c'est sans doute ainsi qu'il considère son propre rôle) espère qu'il tient en face de lui la solution de son problème, et qu'il va enfin pouvoir se consacrer à ses autres tâches. Si vous gardez à l'esprit que tel est effectivement son intérêt, alors cette rencontre cessera d'être le jeu de fléchettes dont vous étiez la cible.

RÈGLE NUMÉRO TROIS : Posez des questions.

Les implications de cet énoncé ne sont pas toujours bien comprises. Je recommande aux candidats d'avoir recours aux questions afin de maintenir un réel échange avec leur interlocuteur. Un bon usage de cette technique nécessite de rompre avec certaines idées reçues et certains réflexes conditionnés, hérités de l'expérience et de la tradition.

Il faut donc briser un carcan d'habitudes et en adopter de nouvelles. Cela peut sembler une tâche presque impossible, ce n'est rien d'autre en fait que le *comportement normal des cadres* en de multiples circonstances. Une fois de plus, les difficultés viennent de notre propre conception de l'entretien d'embauche, il ne suffit pas de deux ou trois rencontres pour bien maîtriser votre technique de questionnement (à moins d'en étudier la mise au point avec un conseiller professionnel).

Vous vous demandez peut-être s'il est vraiment possible de poser beaucoup de questions dans un tel contexte sans paraître arrogant, voire vous mêler d'affaires qui ne concernent que votre interlocuteur. Le dilemme n'est qu'apparent. Voici comment le dénouer : vos questions doivent, autant que possible, *être liées à celles qui vous sont posées* ; en d'autres termes, vous devez répondre simultanément à la question de l'interviewer et à cette autre : « À quoi cette question me fait-elle penser ? »

Vous trouverez au chapitre 8, dix questions tout à fait typiques. Les réponses qui vous sont suggérées montrent clairement comment insérer des demandes de renseignements très directement liées aux questions du recruteur. Cela lui donne l'agréable impression de conduire le jeu et présente pour vous plusieurs avantages.

Premier avantage Les réponses que vous avez provoquées vous fourniront une information précieuse, voire indispensable (sur la société, la position de votre interlocuteur, etc.). *N'oubliez jamais* que la meilleure source de renseignements n'est pas le rapport annuel de la société ou sa cotation en bourse, mais bien la personne qui y joue un rôle significatif et qui se trouve précisément assise devant vous.

Deuxième avantage   Les réponses de votre interlocuteur vous procurent un répit que vous pouvez mettre à profit pour réfléchir à la tournure de l'entretien et pour mieux accorder vos pensées à celles de votre vis-à-vis, et même devancer ses questions.

Troisième avantage Vous avez maintenant réussi à transformer une transaction habituellement du type Parent-Enfant en une relation Adulte-Adulte, la balle rebondit d'un camp à l'autre, la «partie de tennis» est engagée, votre interlocuteur commence à vous considérer comme un négociateur compétent — qualité indispensable si vous devez passer derrière le bureau — et peut-être bien comme le cadre qu'il attend.

Pour mieux illustrer mon propos, examinons les réponses possibles à l'une des nombreuses questions que vous êtes susceptible d'entendre, ce qui vous permettra de comparer la réponse que vous auriez faite à celle que nous suggérons. La personne qui vous reçoit est souvent concernée par des problèmes de prévisions et d'échéances, elle peut donc vous poser la question suivante : «Ceci étant notre première rencontre, vous êtes bien conscient, n'est-ce pas, qu'aucune décision définitive ne sera prise à l'issue de ce premier contact. Malgré tout, si nous devions vous faire une offre dans l'avenir, quand pensez-vous vous libérer de vos présents engagements et pouvoir prendre le poste ? »

Quatre-vingt pour cent des cadres que je rencontre répondent par une estimation de temps. En y réfléchissant un instant, il est aisé de se rendre compte que cela comporte un risque. Le candidat qui déclare : «dès que vous le souhaitez» sera soupçonné d'être désespérément sans emploi, de quitter son actuelle société sans égard aux besoins de celle-ci, ou de la quitter au grand soulagement de son employeur.

En revanche, celui qui prévoit un délai important peut tomber dans un autre piège. S'il est urgent de pourvoir au poste, le prochain candidat qui se présentera peut être hautement qualifié et sans emploi pour des raisons légitimes, et donc immédiatement disponible.

Dans ce cas, comme dans bien d'autres, notre tactique vous permettra d'éviter ces pièges. Pourquoi ne pas répondre, par exemple, par une *question* telle que : « J'ai une certaine latitude en ce domaine. Dites-moi plutôt quand vous souhaitez pourvoir à ce poste ? »

La réponse vous fournira des informations importantes. Face à une urgence, vous pourrez réagir en conséquence. Si, au contraire, il s'agit d'une restructuration à long terme, une disponibilité immédiate vous dévaloriserait.

Indépendamment de sa réponse, il est bon de ne pas être trop précis ; vous pouvez, par exemple, enchaîner ainsi : « Vous ne serez pas surpris si je vous dis que je dois tenir compte de considérations d'ordre professionnel et personnel, concernant, entre autres, certaines négociations que j'ai engagées par ailleurs. Je préfère ne pas vous répondre à la légère. D'ici quarante-huit heures je serai fixé. Si cela vous convient, je vous ferai par téléphone, disons mercredi matin, une réponse plus précise. »

Si votre interlocuteur acquiesce, vous avez obtenu de pénétrer à nouveau dans son bureau par voie téléphonique. Un des aspects de notre technique est de rechercher toute occasion — d'un commun accord bien entendu — d'entrer à nouveau en contact avec le recruteur. Dans ce cas précis, vous n'aurez aucune difficulté à vous présenter à sa secrétaire en disant : « J'appelle comme convenu Monsieur Martin. » Si, au contraire, M. Martin ne retient pas votre proposition, vous gardez votre avantage en évitant d'orienter l'entretien sur une voie de garage. Vous avez par la même occasion signalé clairement, et sans insistance exagérée, que vous aviez d'autres offres en perspective. Ceci n'est qu'un exemple, très caractéristique, de la façon d'obtenir une offre ferme en laissant simplement la porte ouverte à cette possibilité.

RÈGLE NUMÉRO QUATRE : Vous êtes là pour réussir.

Cela tombe sous le sens, et pourtant...

Bien souvent nous avons en nous un mauvais ange (du genre « pas OK ») qui nous susurre : « Rejette-le avant qu'il ne te rejette. » Dans le cadre de l'entretien d'embauche, cette attitude autoprotectrice peut prendre des déguisements subtils : « Ce type ne me plaît pas » (à propos de l'interviewer), « Et quel bureau minable ! », ou bien « Il m'énerve avec ses tics », ou encore « Une femme ! Jamais, je ne pourrais travailler pour une femme ! » Il est important d'être vigilant, et de ne pas se laisser envahir par ces signaux négatifs motivés par une tendance inconsciente à l'échec. Chaque entretien expose votre ego en première ligne. Si, pour une raison ou pour une autre, légitime ou non, vous trouvez que le poste ne vous « convient pas », la menace de rejet est immédiatement écartée : comment pourriez-vous *perdre* une si médiocre prise, que vous n'avez d'ailleurs pas réellement tenté de gagner. C'est ainsi que l'ego peut sortir victorieux de ces entretiens, alors que vos recherches n'ont pas avancé d'un pouce. Plus regrettable encore est le fait que cette rencontre n'aura même pas servi d'expérience, car pour cela il aurait au moins fallu jouer le jeu.

Bien sûr, les propos que nous tenons sur les entretiens d'embauche doivent être nuancés en fonction de chaque situation. Je ne dis pas que toute occasion est bonne à saisir, et il est possible que l'emploi proposé ne soit pas fait pour vous. Mais si votre absence de motivation repose simplement sur une vague « intuition » ou un « pressentiment », il serait peut-être bon de vous interroger en toute objectivité. Quand, à la suite de cinq ou six entrevues, un de mes clients vient me dire qu'à chaque fois « le travail n'était pas fait pour lui », je lui pose alors des questions très précises et j'examine attentivement les raisons pour lesquelles, d'après lui, ses démarches n'ont pas abouti.

RÈGLE NUMÉRO CINQ : Méfiez-vous du curriculum vitæ.

En fait, il est préférable de le laisser chez vous.

Il se peut que dans certaines situations, ce document vous ait précédé — si, par exemple, votre rencontre avec l'employeur a été préparée par un cabinet de recrutement. Mais, chaque fois que c'est possible, il vaut mieux éviter que cette feuille de papier vienne s'immiscer entre votre interlocuteur et vous. Nous avons dit combien il était important que la communication s'instaure sur une base Adulte. Présenter un C.V. peut, à première vue, paraître conforme à cette nécessité. Malheureusement, ce geste peut amener l'interviewer à se demander si le C.V. n'est pas là pour masquer certaines faiblesses qu'une discussion franche et ouverte ne manquerait pas de déceler. Par ailleurs, vous courez également le risque de suspendre le dialogue alors que l'entretien ne fait que commencer, et qu'il est primordial, au contraire, que s'installe une compréhension mutuelle. Votre C.V. donne l'occasion à votre interviewer de *diriger* seul la discussion. Si c'est le cas, il choisira, ça et là, des points du C.V., qu'il vous demandera d'expliquer ou de développer, en contrôlant la pertinence et la cohérence de vos réponses. Un tel scénario peut vous ôter toute chance de démontrer à l'employeur votre aptitude à résoudre ses problèmes spécifiques. Pour la bonne raison que vous n'en serez jamais informé : le temps qui vous était accordé s'est écoulé.

Considérons plutôt les avantages qu'il y aurait à annoncer à votre interviewer que vous lui enverrez volontiers votre C.V., une fois que vous l'aurez complété : 1) vous laissez la porte ouverte au dialogue, 2) vous gardez la possibilité d'adapter votre C.V. à ce cas particulier, 3) en envoyant votre C.V., vous franchirez à nouveau — par voie postale cette fois — les portes de son bureau. Vous vous rappelez ainsi à sa mémoire, au lieu d'aller rejoindre la cohorte des autres candidats dont le souvenir s'estompe déjà. Votre propre expérience en tant qu'interviewer vous a sans doute appris combien il est difficile d'associer des noms à des visages, quelques jours après les avoir vus.

Un C.V. envoyé *après* l'entretien viendra naturellement confirmer un bon contact, et ne peut, de cette façon, interférer dans ce qui doit rester un *échange* d'information direct et de *vive voix*.

CHAPITRE 4

RENCONTRER L'EMPLOYEUR OU LE PROFESSIONNEL DU RECRUTEMENT

Maintenant que nous avons établi ces quelques principes de base, voyons plus précisément les types de situations et de personnes que vous êtes susceptible de rencontrer.

Les entretiens diffèrent fondamentalement selon qu'ils se déroulent :

- directement avec les futurs employeurs *ou*
- avec les recruteurs professionnels et les « chasseurs de têtes ».

Nos précédentes observations sur l'analyse transactionnelle faisaient apparaître que la personne conduisant l'entretien de premier type se trouvait plus ou moins dans un rôle Parental ; elle détient, autrement dit, une part de l'autorité et du pouvoir de décision du Parent psychologique.

Le rôle d'un recruteur indépendant est tout autre : c'est celui d'un **intermédiaire** entre vous et l'entreprise cliente. Il fait office de filtre ou d'écran, permettant ou non aux candidats d'arriver jusqu'à l'employeur. En raison de son indépendance vis-à-vis de la hiérarchie de l'organisation qui l'a engagé, sa position est purement objective. Il a, d'une part, les caractéristiques d'un poste — à la définition desquelles il a peut-être participé — et, d'autre part, *vous* avez votre expérience, vos compétences, vos qualités, vos défauts. Son travail est de déterminer le degré d'adéquation entre ces deux ensembles d'éléments. C'est une tâche rationnelle, qui suppose par nature une approche Adulte. Ce qui permet à l'échange Adulte-Adulte de s'instaurer d'emblée, sans effort particulier de votre part. Vous devrez simplement vous assurer que vous jouez bien *votre rôle Adulte*.

Autre considération importante : un bon recruteur est aussi un interviewer chevronné. Il sait parfaitement quelle information rechercher et comment l'obtenir. Toute tentative de manipulation de la part du candidat serait pure perte de temps. Seuls des faits bien sélectionnés et affirmés avec conviction sont le meilleur moyen de franchir son écran, et de parvenir à un contact direct avec l'ultime instance de recrutement.

Voici néanmoins quelques indications qui vous seront utiles pour mener à bien ce type d'entretien.

1) Ce n'est pas le rôle des cabinets de recrutement de favoriser d'importants changements de carrière.

La rétribution des recruteurs représente vingt à trente pour cent, parfois davantage, de votre salaire annuel prévu. Ils ne peuvent se permettre de prendre des risques. Ne perdez donc pas votre temps, et le leur, en expliquant que vous aimeriez être pilote de ligne si votre spécialité est l'extraction minière. Renoncez à innover ; ce qui intéresse votre interlocuteur, c'est de savoir dans quelle mesure votre expérience recoupe les critères du poste. Il vous aidera même souvent à répondre à cette interrogation en spécifiant clairement les exigences à satisfaire. Mais ce n'est pas pour autant garanti. Il peut très bien préférer vous entendre et procéder à une première évaluation qui ne soit

60

pas influencée par votre certitude de correspondre au profil recherché. S'il utilise cette stratégie «en aveugle», tout ce que vous pouvez faire est de glisser des questions dans l'espoir de glaner quelques renseignements. Mais, à vrai dire, vos chances de succès sont minces. Il y a pourtant un élément positif dont vous pouvez tirer quelque encouragement : Vous ne seriez pas là si ce professionnel du recrutement n'avait pris connaissance de vos compétences — sans doute par votre C.V. C'est donc qu'il y a trouvé au moins une bonne raison de vous rencontrer. Pourquoi ne pas aborder votre entretien sous cet angle plutôt favorable ?

2) Vous pouvez être sûr qu'il y a toujours une raison très concrète à l'origine d'une offre de rencontre avec un recruteur professionnel.

Même si ce n'est pas toujours évident. Ces rencontres sont, en général, proposées d'une manière sibylline. Vous recevez une lettre ou un appel téléphonique, disant à peu près ceci : «Comprenez bien qu'il ne s'agit dans cet entretien que de faire connaissance avec vous et rien de plus.» ou «Bien que nous n'ayons aucune offre précise à vous faire pour le moment, nous aimerions nous entretenir quelques instants avec vous, afin d'examiner plus en détail votre situation.» La plupart du temps, ces messages ne sont vrais qu'en partie, à cause de la réticence habituelle de ces cabinets à révéler le nom de leur client. Si ce dernier est très en vue et seul dans son domaine, une description, même sommaire, serait alors trop révélatrice. Par ailleurs, notre recruteur peut très bien procéder à une sélection *avant même* d'avoir signé avec le client. Il est convaincu que cette signature lui est acquise et compte faire une impression très favorable en présentant une sélection de candidats qualifiés dans un temps record. Dans ce cas, son choix devra offrir le maximum de garanties. Après tout, son but est de flairer tout indice qui pourrait lui amener de nouvelles affaires.

Il y a, bien sûr, une troisième possibilité : que le message corresponde à la stricte réalité et qu'aucune offre concrète ne l'ait motivé. Mais, le contraire reste plus vraisemblable. En général, un cabinet de recrutement qui fonctionne bien ne « chôme » pas, qu'il remplisse ses actuels contrats ou qu'il fasse de la prospection. Ce qui laisse peu de temps disponible pour « simplement faire connaissance ». Autant partir du principe que chacune de ces rencontres est liée — directement ou indirectement — à une possibilité réelle d'emploi.

3) Évitez les questions « savantes ».

Ne perdez pas de vue que le recruteur que vous allez voir ne fait pas partie du personnel de l'entreprise qu'il est censé représenter. Excepté dans le cas de cabinets hautement spécialisés, ses connaissances techniques sont en général limitées. Son domaine est celui des relations humaines, il serait donc inapproprié de penser qu'il dispose d'une information détaillée — qu'elle porte sur la production de la société cliente ou sur le poste concerné.

Que cela ne vous empêche pas de lui poser des questions d'ordre général (volume des ventes, nombre d'employés, système de direction...). Vous manifesterez ainsi votre intérêt pour l'emploi proposé, tout en évitant que la discussion demeure unilatérale. Soyez attentif à ne pas embarrasser votre interviewer en insistant sur les aspects techniques dont il est probablement ignorant. L'embarras n'est souhaitable ni de son côté, ni du vôtre, et risquerait de parasiter la discussion par des vibrations négatives.

4) Ne terminez pas l'entretien sans avoir tout tenté pour fixer la date d'un prochain rendez-vous.

Ceci est valable quel que soit le type d'entretien, et tout particulièrement lorsqu'il s'agit d'une rencontre avec un professionnel du recrutement. Un cabinet de sélection sérieux transmettra toujours dans les meilleurs délais ses résultats. Ce n'est cependant pas forcément le cas quand il s'agit de transmettre les réponses négatives. Ce qui fait qu'un candidat peut très bien se bercer d'illusions et s'imaginer que plusieurs de ses entretiens évoluent vers d'heureuses conclusions. Cette absence d'information est non seulement fâcheuse, mais dangereuse, car d'autres employeurs attendent peut-être que vous vous prononciez sur vos intentions. Si, dans le même temps, vous attendez des réponses positives, vous risquez de délaisser des possibilités réelles. Et dans ce cas, temporiser peut être fatal. Vous apprendrez trop tard que le cabinet de recrutement n'a pas retenu votre candidature, et que les autres possibilités qui s'offraient à vous ne vous ont pas attendu.

Il vous est facile d'éviter pareille déconvenue. D'ordinaire un recruteur conclut le premier entretien par une phrase du genre : « Nous vous contacterons aussitôt que nous aurons pris notre décision. » Vous pouvez alors fort bien lui demander : « Pourriez-vous me dire dans combien de temps environ ? » Attendez-vous à une réponse vague du style : « Je dirais... dans trois à quatre semaines. » C'est le moment de sortir votre agenda, de repérer la date à laquelle vous suggérerez de *le* recontacter. Il y a de fortes chances qu'il ne fasse aucune objection, et même dans ce cas, rien ne vous empêche de le rappeler quatre semaines plus tard (il aura sans doute oublié ce détail). La réalité vaut toujours mieux qu'un optimisme illusoire. Si le résultat est négatif, plus tôt vous le saurez, moins longtemps vous nourrirez des espoirs chimériques, qui ont toutes chances de vous démobiliser dans votre recherche active de nouveaux débouchés.

RENCONTRE AVEC LES ENTREPRISES

Donc, la manipulation n'est guère possible, elle est même déconseillée lors des rencontres avec les recruteurs professionnels. Ainsi que nous l'indiquions auparavant, les transactions directes avec les employeurs sont d'une tout autre nature. Dans ce cas, vous vous trouvez confronté à des gens qui s'intéressent, au sens large, à votre expérience ainsi qu'à votre personnalité, et à leur conformité aux exigences de l'organisation dont ils sont partie prenante.

Appelons-les des « décideurs ». Ils connaissent les besoins de leur société ; ceux-ci sont peut-être déjà établis sous forme d'un poste, ou attendent de l'être, compte tenu du moment et de la façon dont le contact a été obtenu. Quoi qu'il en soit, le responsable qui vous fait face possède, par rapport au recruteur, une vue plus large et une liberté d'action plus grande.

La plupart des responsables du personnel que je connais ne m'en voudront pas si je ne les range pas sous l'étiquette de « décideurs ». En effet, s'il est vrai qu'ils ont leur mot à dire dans la décision d'engager ou non certaines catégories de personnel, c'est rarement le cas aux niveaux les plus élevés de la hiérarchie.

Il peut arriver que vous rencontriez le chef du personnel pour une sélection préliminaire. Mais c'est peu probable. En général, le recrutement est confié à un cabinet spécialisé, qui n'a aucune relation avec le service du personnel.

Si nous nous cantonnons aux « décideurs », nous constatons que leur façon de conduire l'entretien d'embauche obéit à trois grandes tendances.

L'entretien sous pression

Comme son nom l'indique, cette technique vise à placer le candidat sur la défensive, et à voir comment il réagit. Elle fut développée aux États-Unis, il y a une dizaine d'années.

Rares sont les managers qui se livrent à la torture mentale pour le plaisir. Il n'en reste pas moins que le monde industriel n'est pas tendre, et que certains cadres, «durs en affaires», ne détestent pas exercer une pression psychique importante sur le postulant. Vos choix de carrière seront discutés, les raisons de vos recherches actuelles examinées à la loupe, vos résultats minimisés.

Si le candidat imagine qu'il est l'objet de l'hostilité de son interviewer, il commet une erreur grave, indice que l'Enfant menace de faire irruption dans sa conduite. Pour maintenir un comportement Adulte, il est important de bien comprendre les motivations de votre interlocuteur. Manifeste-t-il de *réelles* tendances sadiques? C'est peu probable, mais si c'est le cas, la solution est toute trouvée: un tel employeur est peu recommandable. Mauvaise digestion? Mésentente conjugale? «Gueule de bois»? Cela ne regarde que *lui*, alors, ne vous laissez pas émouvoir, sinon par des sentiments de compassion.

Mais il y a neuf chances sur dix que d'autres facteurs motivent son attitude: elle vise sans doute à obtenir une information difficilement condensable dans un compte rendu oral, à savoir: *de quel métal vous êtes fait*. Il observe donc comment vous résistez à la pression, aux agressions, et quel est votre seuil de résistance. Envisager ainsi ces «attaques» peut être très dynamisant et ajouter une dimension sportive à la rencontre. Vos réponses et leur formulation peuvent transformer un «interrogatoire» en un réel échange d'informations. Deux conditions doivent cependant être observées: vous devez tout d'abord garder votre sang-froid, aidé en cela par la compréhension de ce qui est en jeu, puis exploiter le plus possible les ressources, déjà exposées dans le chapitre 3. Vous ralentirez ainsi le rythme des questions de votre interviewer et, surtout, vous vous donnerez le temps de réfléchir.

Je me souviens d'un client qui souhaitait quitter une carrière diplomatique pour se lancer dans les affaires, malgré une expérience unique et limitée en ce domaine. Toujours est-il que sa connaissance de nombreux pays et leurs conditions particulières lui avait permis d'obtenir une quinzaine d'entretiens avec des «décideurs». L'un d'eux, directeur général d'une importante société d'investissements financiers, choisit de commencer l'entretien par une question plutôt inhabituelle: «Êtes-vous religieux, Monsieur Gagné?» La seule autre question qu'il posa était la suivante: «Êtes-vous riche?»

La formation diplomatique de M. Gagné se révéla fort utile. Il ne répondit à aucune des deux questions, et plutôt que de se creuser la tête à leur trouver une réponse directe, il leur opposa d'autres questions: «Pouvez-vous me dire ce que vous entendez au juste par "religieux"? S'agit-il d'une conception éthique, philosophique, ou encore d'une attitude religieuse au quotidien?» Il traita de même la seconde question. («Il y a toutes sortes de richesses: financière, intellectuelle, spirituelle, etc. À laquelle pensez-vous plus particulièrement?»)

Ce premier entretien fut suivi d'un second qui déboucha sur une proposition d'emploi. Mais, pour des raisons tenant aux caractéristiques de la firme, M. Gagné déclina cette offre. Notre exemple n'en garde pas moins toute sa valeur. Il montre bien comment des questions habilement amenées peuvent faire tourner à votre avantage une rencontre qui avait peu de chances de succès.

L'entretien « détendu »

Il fait appel à un scénario tout différent. L'interviewer est cordial et vous met tout de suite à l'aise. Peut-être même, vous invite-t-il à boire un café autour d'une simple table, afin de quitter le cadre officiel du bureau. Il engage la conversation par des considérations apparemment anodines. Ne vous y trompez pas, rien n'est anodin dans ce genre de rencontres.

Même s'il ne pratique pas la mise sous pression, il recherche, lui aussi, des faits et sait bien que plus vous vous sentirez à l'aise, moins vous serez sur vos gardes. Vous courez alors le danger de trop parler. La transaction paraît engagée sur les bases sûres d'une relation Adulte-Adulte, le ton est chaleureux, vous abandonnez toute méfiance. Parmi les nombreuses déconvenues qui m'ont été rapportées, j'ai particulièrement retenu celle d'un client avec l'un des dirigeants d'une usine électrique. L'entretien allait bon train, quand ce dernier lui demanda le nom de son employeur actuel. Le candidat répondit sans se faire prier, et ils passèrent à un autre sujet. Plus tard cependant, l'interviewer s'étonna qu'il veuille quitter sa fonction, a priori intéressante, de directeur technique. Le candidat émit quelques borborygmes à propos d'incompatibilité, mais dut alors s'expliquer sur les raisons de celle-ci. Ainsi qu'il le rapporta plus tard, la réponse, qui « lui échappa », révélait qu'un problème d'alcool affectait le jugement de son supérieur, ainsi que les relations avec ses cadres ; elle traduisait aussi ses doutes sur l'avenir de son entreprise. L'entretien dura encore une vingtaine de minutes, mais il ne fut fait aucune allusion à une seconde rencontre, si ce n'est une vague promesse de le « recontacter ».

Une fois dans mon bureau, mon client se lamenta : « Ce n'est qu'au déjeuner, après l'entretien, que j'ai réalisé ce que j'avais fait : non seulement mes révélations étaient préjudiciables à mon entreprise, mais j'avais en plus fait du tort à un pauvre gars qui taquinait un peu trop la bouteille. » « Si seulement j'avais tenu ma langue ! » est une phrase que j'ai entendue en maintes occasions, et souvent à la suite d'un de ces entretiens où la tension et *l'attention* se relâchent.

La formule que je recommande dans ce genre de circonstances n'est pas différente de celle que j'ai, jusqu'ici, préconisée : posez des questions. Si votre vis-à-vis reste fidèle à son attitude ouverte, il ne manquera pas de vous fournir les informations que vous demandez et que **vous devez connaître** si vous voulez vous accorder aux besoins de cette société. L'essentiel est de maintenir le dialogue, mais sans trop en dire.

L'entretien à bâtons rompus

Il est un fait que les cadres ne sont pas tous des interviewers chevronnés, leur expérience en ce domaine n'étant souvent que très ponctuelle. De plus, ils considèrent les heures qu'ils y consacrent comme une perte de temps, malgré toute l'importance que revêt une bonne sélection.

Il y a deux sortes d'entretiens « décousus » : ceux qui sont régulièrement interrompus par les allées et venues des collègues ou la sonnerie du téléphone ; et ceux qui sont entrecoupés de silences, soit que votre interlocuteur ait l'esprit ailleurs, soit qu'il tente délibérément de vous décontenancer par des pauses volontaires.

Dans le premier cas, votre seul souci est de vous rappeler les paroles qui précédaient l'interruption. Même si votre interlocuteur est capable de suivre plusieurs situations à la fois, sa mémoire peut lui faire défaut, et il appréciera votre esprit alerte, si vous remettez alors la conversation sur ses rails.

Comment faire face, maintenant, au silence ? C'est, pour certains, l'une des épreuves les plus difficiles. Essayer de « sortir » l'autre de son silence serait non seulement maladroit, mais risquerait de tourner à l'épreuve de force — comme dans ces affrontements muets, où le premier qui baisse les yeux a « perdu ». Il est inutile également de vous lancer dans le récit d'expériences professionnelles ou personnelles, qui ne seraient pas d'une pertinence ni d'un intérêt bouleversants.

Comment vous en sortir ? Encore et toujours, par la salvatrice *question*.

CHAPITRE 5

LA COMMUNICATION NON VERBALE

J'ai tout d'abord trouvé l'idée absurde, mais avec le temps, je suis maintenant convaincu qu'au moins la moitié de la communication interpersonnelle ne se fait pas par les mots. En fait, notre hantise de trouver les mots justes nous fait négliger les messages que nous envoyons par d'autres moyens — ce qu'expriment notre visage, nos attitudes, nos gestes et même nos choix vestimentaires.

J'illustrerai ce point par un exemple. Un de mes anciens clients, un Américain appartenant à une société multi-nationale, avait participé à Londres à un séminaire sur les techniques de gestion. Le groupe ne comprenait pas plus de douze personnes, l'atmosphère était plutôt informelle et l'animateur, un consultant indépendant, ne connaissait aucun des participants. Il se présenta ; son regard ayant fait le tour de la pièce, il remarqua : « Ah, je vois que nous avons le plaisir d'avoir un Américain parmi nous ! » Cet accueil chaleureux laissa, cependant, mon client perplexe. Il avait acheté son costume à Londres, lors d'une précédente visite, sa famille était d'origine anglo-saxonne, et il n'avait pas encore ouvert la bouche. La réunion terminée, il demanda à l'animateur comment il avait pu deviner si vite sa nationalité. Celui-ci déclara : « La réponse est simple : par la façon dont vous croisez les jambes. »

Il expliqua que les Américains de sexe masculin croisent la jambe droite sur la cuisse gauche — ou vice-versa — tandis que les Européens — en l'occurrence, il rangeait les Anglais sous cette étiquette — croisent un genou sur l'autre. Il ajouta que pendant la Seconde Guerre mondiale, des agents américains s'étaient trahis de cette manière, bien qu'il aient parfaitement joué leur rôle de substitution par ailleurs.

De même, il peut être tout à fait étonnant d'apprendre tout ce que nous dévoilons de nos émotions et de nos pensées, alors que nous croyons n'en rien laisser paraître. Nos enfants, par exemple, pressentent que notre colère approche, avant même que nous en soyons conscients. Notre conjoint devine une contrariété professionnelle, malgré les airs désinvoltes derrière lesquels nous nous dissimulons.

Mais les mêmes « fuites » se produisent entre des gens qui ne se connaissent pas. **Si nous sommes conscients des signaux que nous émettons, nous pouvons les utiliser à notre avantage,** en particulier pour ce qui nous intéresse : l'entretien d'embauche. Et ce, malgré la difficulté notoire de cet exercice qui suppose de se voir dans le regard des autres. Pour vous y aider, j'ai recensé ci-dessous les principaux messages **non verbaux** susceptibles d'être transmis. Je vous suggère, au fur et à mesure de votre lecture, de repérer toute ressemblance avec vos propres attitudes, éventuellement avec l'aide de votre entourage.

« **Votre place m'intéresse !** »

Konrad Lorenz et Robert Ardry, dans leurs recherches sur les comportements primitifs et instinctuels persistant chez l'homme, évoquent souvent la tendance inconsciente qui le pousse à protéger son « territoire », de la caverne au carré de gazon, en passant par l'espace de travail, plus proche de notre préoccupation. Toute tentative d'empiéter sur le territoire de l'autre peut être perçue — parfois avec raison — comme une agression. Le candidat qui pose son porte-documents ou tout autre objet sur le bureau de l'interviewer risque de lui envoyer, à son insu, un signal d'invasion. De même, bien que dans une moindre mesure, la personne qui appuie un bras sur le bureau de son interlocuteur menace le « territoire » de ce dernier.

Le mieux est de placer malette et porte-documents au pied de votre siège (plutôt que sur vos genoux, où ils vous embarrasseraient, et donneraient l'impression que vous allez partir d'un instant à l'autre). Vous ne savez que faire de vos bras ? Vous aimeriez bien vous appuyer sur le bureau ? Un seul conseil : abstenez-vous.

« Je garde mes distances ! »

C'est l'image inversée de l'envahisseur. Certaines personnes reculent systématiquement leur siège de quelques centimètres dès qu'elles se sont assises. Puis, reculent encore à plusieurs reprises au cours de l'entretien, projetant leur désir de mettre le plus d'espace possible entre elles et leur interlocuteur. À moins que le siège ne soit effectivement trop près pour que vous soyez à l'aise, un tel geste trahira un refus de contact direct avec autrui. L'attitude la plus sûre est de laisser la disposition de l'ameublement à votre hôte, et de vous pencher légèrement en avant (expression naturelle d'intérêt à l'autre) de temps en temps.

« Cause toujours, tu m'intéresses ! »

Il y a à San Francisco un cabinet de recrutement qui occupe le trente-sixième étage d'un immeuble moderne et qui domine toute la baie ; cette vue fut l'une des raisons du choix de l'emplacement. Les visiteurs — et clients éventuels — n'avaient d'yeux que pour le paysage, et en oubliaient presque leur interlocuteur. Aujourd'hui, de lourds rideaux masquent cette vue magnifique — et certainement payée très cher.

D'une façon moins radicale, le postulant peut involontairement donner l'impression d'un manque d'intérêt, simplement parce qu'il hésite à regarder son interlocuteur en face. Je me souviens, par exemple, d'un haut fonctionnaire qui cherchait à se reconvertir dans l'industrie. Ses compétences ne faisant aucun doute, il se vit proposer jusqu'à vingt-cinq entretiens auprès de grandes sociétés. Aucune de ces propositions ne fut malheureusement renouvelée. Il vint me faire part de sa perplexité. C'est un des problèmes les plus aisés qu'il m'ait été donné de résoudre. Cet homme n'avait jamais auparavant été en position de « se vendre » sur des bases autres que les résultats, facilement observables, de son travail. Au fur et à mesure qu'il gravit les échelons de la fonction publique, il développa un style personnel dans la conduite des réunions. Il avait ainsi l'habitude d'écarter son fauteuil du bureau, d'étendre les jambes, et paraissait alors concentrer toute son attention — avec un air doctoral qui ne manquait pas d'impressionner — sur la fenêtre en face. Étant généralement d'un rang supérieur à ses interlocuteurs, il n'avait aucun mal à obtenir leur attention. Ce comportement était hélas désastreux pour sa recherche d'emploi. Il fut très surpris, même un peu vexé, quand je lui dis qu'il donnait une impression d'arrogance et de mépris — alors que ni l'une ni l'autre n'était réelle. Conscient de sa propre image, il résolut son problème aussi facilement qu'on bascule un interrupteur. Il améliora très vite ses contacts lors des entretiens suivants, et dirige à l'heure actuelle un important parc industriel.

Je pense maintenant à un autre personnage, typique en fait des professionnels dont la progression tient essentiellement à leurs seules compétences techniques. Il s'agit d'un informaticien timide, pratiquement incapable d'établir des contacts humains chaleureux avec quiconque. Son plus gros handicap était qu'il ne regardait jamais ses interlocuteurs droit dans les yeux, ce dont il n'était pas conscient. Les difficultés qu'il rencontrait dans ses démarches étaient dues, là aussi, à un problème de contact visuel, mais étaient autrement difficiles à vaincre. Ce n'est qu'après des recommandations répétées et des semaines d'entraînement qu'il apprit à diriger son regard, et qu'il put établir un contact visuel acceptable.

Je dois ici faire une petite remarque. Il y a des gens qui pratiquent l'excès contraire et qui exagèrent le contact visuel, semble-t-il, parce qu'ils craignent de perdre la maîtrise de la situation s'ils cessent un seul instant de fixer le regard de l'autre. Cela risque de provoquer une sorte de «joute visuelle» très désagréable, et correspond en effet à une lutte pour le pouvoir.

Pour revenir au comportement primitif, on observe encore de nos jours que, dans certaines tribus, regarder dans les yeux peut être interprété comme une agression. Il n'est pas impossible qu'un vestige de cette attitude soit ancré en nous. Si votre interlocuteur est une personne rompue aux responsabilités, ce qui est le cas en général, c'est aussi quelqu'un qui occupe la plupart du temps une position de pouvoir. Il est donc préférable d'éviter toute suggestion de compétition, et de ne pas le fixer trop longtemps du regard, sans pour autant vous passionner pour la fenêtre ; laissez aller votre regard, alternativement de votre interlocuteur à un point juste au-dessus ou juste à côté de lui, cela suffira à éliminer tout signe d'intensité excessive.

Évaluer objectivement nos façons de faire est presque impossible sans une aide extérieure. N'hésitez donc pas à faire appel à un ami, et à tenir compte de ses réactions.

« Mon Dieu, que c'est amusant ! »

Le rire est-il un moyen de communication verbale ou non verbale ?

Nous n'envisagerons pas ici le rire normal, c'est-à-dire la réaction spontanée à quelque chose de drôle, mais plutôt le rire compulsif, proche du tic. Je songe à tous ces gens qui émettent, à intervalles réguliers, une sorte de gloussement alors qu'il ne se passe absolument rien de drôle. Il ne fait guère de doute que leur intention inconsciente est de convaincre l'autre qu'ils sont parfaitement décontractés (même s'ils discutent d'un sujet très sérieux, tel que leur future carrière professionnelle). L'effet est exactement contraire, bien entendu. Après quelques gloussements, l'interviewer commence à se sentir mal à l'aise : « Serait-il frivole ? », ou pire encore « Qu'est-ce que j'ai de si risible ? » Ces questions, une fois posées, présagent plutôt mal de la suite de l'entretien.

Si j'utilise le terme de tic, c'est qu'en général, il s'agit là d'un réflexe nerveux, comparable à des tics de conversation, comme de répéter continuellement « tu vois ? » ; la personne n'en est pas consciente, et même si on attire son attention sur ses manies, il n'est pas facile de l'en débarrasser. Son entourage n'est pas d'une grande aide en l'occurrence, puisque la tension qui produit le tic est le plus souvent absente des transactions avec les proches. La seule solution est d'être *attentif à ce que vous dites* lors des entretiens d'embauche. Observez si vous riez aux moments appropriés. Certains interviewers passent facilement du ton sérieux au ton léger, êtes-vous sûr d'y arriver avec la même souplesse ? Si vous avez le moindre doute et si vous craignez une hilarité inopportune, mieux vaut ne pas rire du tout. L'entretien étant plutôt une affaire sérieuse, contentez-vous de sourire.

« Attendez, je note. »

J'ai connu un journaliste qui interviewait souvent des célébrités et, en particulier, des écrivains. Ceux-ci possédaient un vocabulaire immense, et s'exprimaient de façon inventive. Or cet ami ne se munissait jamais d'un magnétophone ou d'un bloc-notes. Il avait une excellente mémoire, et ses articles étaient de véritables modèles du genre. Nous possédons rarement ce don, hélas ; et l'on rencontre nombre de cadres notant fébrilement ce qu'on leur dit. Aussi utile qu'elle puisse être en d'autres circonstances, cette habitude est à proscrire pour le candidat à l'embauche, et voici pourquoi :

1. Le dialogue sera forcément perturbé pendant que vous prendrez des notes au lieu d'être attentif à votre interlocuteur.
2. Ce dernier vous informera avec plus de réticence, s'il sait que ses paroles sont enregistrées.
3. Un problème pratique se pose à vous : où poser votre bloc-notes ? Sur son bureau ? Vous devenez un « envahisseur ». Sur vos genoux ? C'est une solution plutôt embarrassante, et utiliser votre porte-documents comme support ne serait pas beaucoup plus élégant.

Vous pouvez m'objecter que vous n'avez aucun de ces problèmes, puisque vous avez préalablement demandé à votre interlocuteur s'il ne voyait pas d'inconvénient à ce que vous preniez des notes.

Mais, cette solution n'en est pas vraiment une, car l'interviewer acquiesce toujours, ne serait-ce que pour signifier qu'il ne se laisse pas troubler par de pareils détails. Cela ne l'empêchera pas de s'interroger sur votre capacité à retenir l'information et de se demander si vous avez un minimum de tact.

Il est préférable, et même indispensable, de rédiger aussitôt après l'entretien un aide-mémoire, car il est très facile d'oublier ou de mélanger les différentes informations que vous avez recueillies au cours de multiples contacts. Un bref résumé de chaque interview peut se révéler inestimable dans le cas d'une seconde rencontre.

« Ça me fait suer ! »

Serrer une main moite est non seulement désagréable, mais un indice certain de tension. L'appréhension semble jouer un grand rôle dans ce phénomène, qui est d'ailleurs beaucoup plus sensible au début de l'entretien qu'à la fin. La tension et l'appréhension peuvent venir de votre situation présente (rejets répétés de votre candidature) ou avoir des causes psychologiques plus profondes. Nous ne traiterons ici que le premier cas. Notre solution sera tout simplement mécanique : laissez votre main droite dans la poche de votre veston, jusqu'au moment de saluer. Car, aussi moite que soit votre main, être alors surpris à l'essuyer sur vos vêtements serait du plus mauvais effet.

Le langage du corps

Pour celui qui déchiffre les signes non verbaux, les mouvements du corps constituent le champ d'observation le plus riche. Certaines personnes restent assises droites comme des « i », aussi rigides que des statues, durant tout l'entretien. Elles imaginent sans doute refléter ainsi l'équilibre et la maîtrise de soi. Si l'on accepte que l'équilibre est un état intérieur, et la maîtrise de soi une discipline que l'on s'impose, alors seule cette dernière leur sera accordée. Mais l'immobilité n'a parfois rien à voir avec l'exercice de la volonté. Je fais ici allusion à un personnage qui ne lira probablement jamais ces lignes, car la quête d'une meilleure situation est peu susceptible de le motiver ; je pense, en d'autres termes, à l'individu si nonchalant et flasque qu'il est dépourvu de la moindre énergie et du moindre tonus émotionnel.

En ce qui concerne le point particulier du langage corporel, je préconise une attitude moyenne : ni l'agitation constante, dont la nervosité est communicative, ni l'inertie de la statue. Soyez à l'écoute de votre corps, si votre position devient inconfortable, changez-en. Ne restez pas perché sur le bord de votre fauteuil, mais installez-vous confortablement, en ne négligeant pas de vous pencher de temps à autre vers votre interlocuteur, quand celui-ci aborde des points importants. Comme je l'ai indiqué, vous montrez par là votre intérêt sans inférer aucune tension par votre attitude. C'est, de plus, le geste spontanément déclenché par l'attention sincère.

Le langage des mains peut sembler un détail, il est néanmoins d'importance. Aux gestes des mains correspondent des messages différents selon les cultures. Le sujet a intéressé plusieurs auteurs, dont Desmond Morris. Selon moi, le danger principal que vous devez éviter, quel que soit votre interlocuteur, est de souligner les points que vous évoquez par des gestes un peu trop éloquents de vos mains. Certains transforment inconsciemment leurs mains en poignards, qu'ils lancent de façon répétée en direction de leur interlocuteur. L'inconscient de ce dernier perçoit la menace contenue dans ces gestes qu'il interprète alors comme des signes d'agression. Vérifiez que telle n'est pas votre habitude, et dans le cas contraire, entraînez-vous à garder les mains sur les genoux.

La méthode de Paul

Parmi les nombreux psychologues cliniciens avec qui j'ai travaillé, il en est un qui inspire particulièrement confiance et respect à ses clients. D'autres possèdent une plus haute stature, physique ou intellectuelle, comparés à lui. Et cependant, il émane de Paul (c'est ainsi que je l'appellerai) une impression de solidité — indépendamment de ses états intérieurs. Une barbe fournie, des lunettes classiques, un costume sobre participent de cette impression. Mais, surtout, il fait preuve d'une remarquable maîtrise chaque fois qu'on lui pose une question délicate, et qu'il n'est pas très sûr de la réponse. J'ai pu l'observer à plusieurs reprises, tandis qu'il préparait sa réponse. Il se carre profondément dans son fauteuil, croise les mains (jamais les bras, ce qui suggérerait une attitude défensive), penche la tête en arrière, et fixe au loin un point à quarante-cinq degrés environ au-dessus de l'horizon. Après quelques instants, il regarde à nouveau son interlocuteur droit dans les yeux, et énonce posément sa réponse.

« Tu me fais penser à Moïse entendant un message divin », lui ai-je dit un jour.

« Très bien, répondit-il, essayons autrement. »

Il imita alors l'attitude commune à bien des gens confrontés à une question difficile : tête baissée, regard concentré sur des mains jouant nerveusement avec un chapelet de soucis invisibles, projetant l'image d'une personne ployant sous le poids d'un problème insoluble.

Le contraste entre les deux attitudes était frappant. La technique coutumière de Paul le faisait apparaître confiant, sûr de la résolution imminente du problème, grâce à une inspiration quasi surnaturelle. À l'inverse, son imitation était celle d'une personne angoissée, piégée même, et au bord de la défaite.

Essayez de vous mettre en scène dans chacun de ces rôles avec la complicité d'un ami. Je suis sûr que vous choisirez d'adopter une variante personnelle de la méthode de Paul.

To be barbu or not barbu ?

Peu d'hommes d'affaires portent la barbe, contrairement à ceux qui exercent des professions libérales — comme Paul par exemple — pour qui la barbe symbolise, en quelque sorte, le refuge où le sage se retire pour méditer. Dans le monde des affaires, les rares exceptions «barbues» occupent plutôt des fonctions scientifiques ou créatives (laboratoire de recherche, création publicitaire, etc.). Quand un de mes clients préfère porter la barbe, je n'essaye pas à toute force de l'en dissuader. Je lui fais toutefois remarquer que cela pourrait handicaper sa recherche. La démonstration la plus probante est de lui demander de passer mentalement en revue les visages des leaders des nations démocratiques que le suffrage populaire à élus (oui, y compris Thatcher et Gandhi).

Il s'avère parfois que cette préférence cache en fait une imperfection — cicatrice, menton fuyant. Les hommes étant souvent moins conscients de leur apparence que les femmes, ils peuvent «sonder» leurs amis (avec des photos, ou s'ils ne sont pas pressés par le temps, en se rasant la barbe) et leur demander de «voter» pour le visage imberbe ou barbu.

Un de mes clients, à qui j'avais fait cette suggestion, me rapporta que sa femme avait violemment réagi, menaçant de rompre s'il touchait un seul poil de sa barbe. Sa femme a gagné... Il a toujours sa barbe.

Mais, le meilleur critère reste encore celui de votre confort et de votre bien-être. Si l'on peut modifier certains agissements fâcheux, il en va autrement du visage qui est une projection de nous-même. Votre objectif est, en définitive, de vous sentir à l'aise dans vos contacts. Et, quoi qu'en pensent les autres, cela seul doit guider votre décision.

«Pourquoi tu tousses?»

Faut-il s'abstenir de fumer ou pas?

Là, les sentiments de confort de l'autre personne entrent également en jeu. Et ce jour-là mieux vaut laisser vos habitudes au vestiaire. Naturellement, si votre interlocuteur allume une cigarette, vous êtes libre d'en faire autant. Dans le cas contraire, vous agissez à vos risques et périls. Mais, quels sont-ils exactement? Tout d'abord, les fumeurs repentis sont enclins au prosélytisme, voire à l'intolérance. Vous risquez tout simplement de gagner leur mépris, guère propice à instaurer une relation un tant soit peu égale. Par contre, si vous rencontrez cet être exceptionnel (je l'admets), qui n'a jamais allumé de cigarette de sa vie, vous risquez de l'indisposer en polluant *son* atmosphère. L'invasion par la fumée est la forme « subtile » de l'invasion par « appropriation » d'un coin de son bureau pour y poser vos documents.

Ayant passé à peu près autant d'années dans le rôle du fumeur et du non-fumeur, il me coûte de trancher dans un sens ou dans l'autre. Mais dans le cadre de l'entretien d'embauche, une seule règle : si votre interlocuteur ne fume pas, abstenez-vous.

CHAPITRE 6

JOUR J MOINS 1

Les fonctions d'encadrement impliquent souvent d'établir un plan d'action et des prévisions. Aussi, nombreux sont mes clients qui se demandent quelles dispositions ils pourraient prendre afin de mieux préparer leur premier entretien de sélection.

Le réflexe le plus courant est de dire qu'une investigation détaillée de la situation de l'entreprise est la meilleure préparation qui soit. Je surprends donc beaucoup de gens quand je leur dis que je ne suis pas de cet avis. J'ai cependant l'avantage d'avoir une longue expérience en ce domaine, et de savoir ce qui « marche », ce qui ne « marche pas » et ce qui marche moins bien. Récemment, un de mes clients, directeur des ventes et du marketing, possédant d'excellentes références dans l'industrie de la confection masculine, fut invité à rencontrer un des géants mondiaux du textile. Mon client crut bon de rassembler toutes les informations disponibles sur la société. Il examina en détail le rapport annuel, son agent de change lui fournit une prévision de la croissance et des revenus futurs, il interrogea, pour finir, ses relations travaillant de près ou de loin avec l'entreprise. Muni de tous ces renseignements, il se rendit à son rendez-vous, confiant en ses chances d'être sélectionné — avec raison, car son expérience concordait parfaitement avec le profil recherché. Or, non seulement l'emploi lui échappa, mais il ne fut même pas contacté pour une seconde rencontre. Cette déception nous laissa tous deux perplexes, car — une fois n'est pas coutume — nous n'avions prévu aucune difficulté particulière. Je décidai finalement d'appeler le vice-président qui l'avait reçu, pour lui poser directement la question. Sa réponse fut pour le moins inattendue :

« Vous voulez dire que cet emploi l'intéressait ?

— Bien sûr !

— Vraiment, cela me surprend. Il n'a guère fait preuve d'enthousiasme. Il n'a posé aucune question sur la société, ce que j'ai interprété comme un manque d'intérêt. À la fin de notre entretien, je lui ai demandé s'il avait des questions à me poser, il m'a répondu que non, qu'il pensait être suffisamment informé. »

L'énigme était résolue. Ce n'était pas la première fois, ni la dernière, que je constatais que **trop de préparation peut nuire**. Cela émousse inévitablement la curiosité, et le sentiment que le candidat sait tout déjà décourage l'interviewer d'aborder l'un de ses thèmes favoris : l'organisation dont il fait partie.

Il est évident que vous devez vous munir des informations élémentaires concernant la situation de l'entreprise (chiffre d'affaires, production, nombre d'employés, etc.). Mais, en règle générale, **pour de plus amples renseignements, puisez à la meilleure source : votre interviewer.**

J'ai déjà fait allusion à un autre type d'information dont il vaut mieux ne pas se munir : le curriculum vitæ. Cette simple feuille de papier peut non seulement couper la communication directe, mais également focaliser l'attention de l'interviewer sur de possibles points faibles (trou entre deux dates, âge, diplôme d'une petite école peu cotée, etc.), ce qui est susceptible d'induire une attitude défensive chez le candidat.

LE DOSSIER PERSONNEL

En revanche, vous pouvez opter pour une présentation originale qui permet, lorsque les circonstances s'y prêtent, de mettre vos réussites en valeur. Je fais ici référence à la création d'un dossier personnel, qui jouerait un rôle similaire à celui du cahier de presse dans certaines professions. Pour les architectes ou les publicitaires, la présentation visuelle de leurs travaux est une nécessité. Mais, ce moyen peut être très efficace dans bien d'autres domaines. Son utilisation en entretien est cependant délicate. Voyons d'abord son contenu.

Je suis persuadé que l'efficacité de cette présentation est fonction de l'**intérêt personnel et humain** des éléments sélectionnés. Certes, graphiques et chiffres montrant l'irrésistible ascension des ventes et des profits, en même temps que la chute libre des coûts de production, sont des documents très significatifs. Leur intérêt dépendra pourtant de la situation de celui qui les regarde. Tandis que les documents personnels ont un impact plus général et plus immédiat : coupures de presse, citations, diplômes, et surtout photographies — prises au cours d'une conférence, d'une cérémonie de récompense, ou pourquoi pas, alors que vous « jouez » de votre violon d'Ingres.

Je me rappelle, à ce sujet, une circonstance assez singulière. Un client avait joint à son dossier les photographies d'une serre, où il s'adonnait à son passe-temps favori : la création d'espèces hybrides d'azalées. Il dut le succès d'un de ses entretiens — celui qui l'a conduit à sa présente situation — à cette série de photographies. L'attitude de l'interviewer était distante, voire antipathique, jusqu'au moment où ses yeux tombèrent sur les images de la serre. Sa réserve disparut d'un seul coup, il déclara que lui aussi entretenait une petite serre. La rencontre prit un nouveau départ, cette fois sur les bases d'un intérêt et d'une compréhension mutuels. Des passe-temps plus communs, tels que la voile, le golf ou le tennis, peuvent donner lieu à des images saisissantes, et créer des affinités entre l'interviewer et vous.

Comment utiliser le dossier personnel ?

Tout d'abord, il est préférable de ne pas prendre l'initiative de le montrer à l'interviewer. Et ce, pour trois raisons :

1. Tout comme le C.V., ce dossier peut devenir un obstacle à la communication directe, s'il est présenté au mauvais moment.
2. L'interviewer peut interpréter votre empressement à le lui montrer comme une tentative de vous réfugier derrière ces documents par peur d'un face à face.
3. Pendant qu'il feuillette votre dossier, vous pouvez perdre un temps précieux, qui risque de vous faire défaut au moment d'aborder les questions essentielles.

Il n'est pas davantage conseillé de poser ce document sur le bureau de votre interlocuteur, gardez-le au pied de votre fauteuil, de préférence hors de son champ de vision. Le moment de le présenter viendra quand la discussion mentionnera un point auquel il est fait référence dans votre dossier. Mais, même dans ce cas, ne l'imposez pas à votre hôte, attendez qu'il montre un signe d'intérêt.

L'échange pourrait être le suivant :

L'interviewer : « J'aimerais que vous me parliez un peu plus de ce dernier produit que vous avez lancé pour la société Hypo. Quels furent les résultats en termes de ventes et de profits ? »

Vous : « J'ai les chiffres exacts sous forme de tableaux, si vous voulez y jeter un coup d'œil ? »

La réponse sera très probablement affirmative, et votre dossier viendra opportunément satisfaire la curiosité de votre interviewer. Autrement dit, ce geste doit répondre à son initiative plutôt qu'à la vôtre. À partir de là, la curiosité fera le reste. Il s'intéressera quelque temps aux chiffres, puis tournera les autres pages.

Cette utilisation implique que vous ne pourrez pas toujours exploiter ces documents, mais les occasions de le faire seront généralement nombreuses. Un dossier bien préparé peut vous faire gagner des points, ne serait-ce qu'en humanisant la relation ; il met également en relief vos réussites et peut révéler d'importants points de rencontre entre vous et celui qui deviendra, peut-être, votre employeur.

À LA BONNE HEURE ! MAIS LAQUELLE ?

Un des aspects de la préparation à l'entretien est d'arriver au bon moment. Encore faut-il le déterminer.

Arrivé à ce point de votre lecture, je ne vous surprendrai pas en remettant en question l'attitude conventionnelle. Vous pouvez être certain que la plupart de vos concurrents sont décidés à se comporter de façon « correcte », autrement dit, stéréotypée. Ce faisant, ils risquent de se fondre dans l'uniformité grise des autres cadres en quête d'emploi, quand il est si important, au contraire, d'être remarqué par le recruteur, en général un dirigeant, qui s'est lui-même sans doute plus distingué par son dynamisme que par son aptitude à penser et à agir conventionnellement.

L'opinion la plus répandue prétend qu'« il est préférable d'arriver en avance à son rendez-vous ».

Réfléchissons à cette proposition, et voyons si elle est réellement efficace.

La réceptionniste vous annonce, presque toujours, dès votre arrivée. Si votre hôte est un tant soit peu en retard sur son horaire, comme c'est fréquemment le cas des dirigeants, dont l'emploi du temps est chargé, il ne pourra pas vous recevoir à l'heure convenue. Supposons qu'il ait un retard d'un quart d'heure, ce qui est un scénario tout à fait réaliste. Si, de votre côté vous arrivez avec dix minutes d'avance, cela signifie que vous devrez patienter pas loin d'une demi-heure. Rien de tel pour aiguiser les nerfs et faire monter la tension. Autre point important, votre interlocuteur sait, pendant tout ce temps, qu'il vous fait attendre, il termine en hâte le travail en cours, et enchaîne avec votre entretien, sans avoir pris le temps de décompresser.

Cette habitude peut même occasionner quelques mésaventures. Ainsi, je me souviens d'un candidat qui devait rencontrer un recruteur professionnel, et qui se rendit à son rendez-vous avec un quart d'heure d'avance. Cette arrivée intempestive fut en partie responsable de l'échec de sa démarche. La secrétaire, prévenante, choisit de ne pas déranger son patron, et ne l'avertit pas immédiatement. Elle installa le visiteur dans une petite salle d'attente, disant qu'elle reviendrait quand l'interviewer serait libre. Elle revint, en effet, trois quarts d'heure plus tard, portant une pile de magazines destinés à la salle d'attente. La surprise qui se peignit sur son visage ne nécessitait aucun commentaire, et le candidat comprit qu'elle l'avait tout simplement oublié. Naturellement, elle se confondit en excuses, relayée par son supérieur. Mais le mal était fait. Il ne restait guère de temps pour l'entretien, qui fut expédié en quelques minutes, d'une manière raide et insatisfaisante.

Arriver en avance n'est donc pas toujours la meilleure option. Que dire maintenant de «la politesse des rois», autrement dit: l'exactitude? Nous avons constaté, en plusieurs occasions déjà, que le bon choix n'était pas toujours le plus évident et que le scepticisme modéré a ses vertus. Ceci s'applique aussi au code de la stricte ponctualité. D'abord, une telle précision demande souvent de patienter... dehors. Elle peut aussi être interprétée comme une attitude excessivement formaliste.

À l'inverse, je vous suggère une autre façon d'envisager le choix de votre heure d'arrivée. En fait, je recommande à mes clients d'arriver quelques minutes après l'heure convenue. En effet, beaucoup de dirigeants accueillent avec reconnaissance ces quelques instants de répit imprévus. Ils peuvent en profiter pour remettre un peu d'ordre dans leurs dossiers, se détendre, fumer tranquillement une cigarette, ou même, satisfaire des envies plus pressantes (pour lesquelles le temps manque de façon endémique chez les dirigeants, menaçant leur système nerveux et leur santé en général). Prenez garde toutefois à limiter votre retard à cinq minutes; ainsi vous ne risquez pas de compromettre le début de l'entretien. Mais évaluez bien le temps de votre trajet, afin de ne pas augmenter votre retard au-delà de la brève période de grâce, acceptable et, de plus, appréciée.

CHAPITRE 7

LE NÉGOCIATEUR PRO-ACTIF

Tout ce que nous avons dit jusqu'ici indique clairement, je pense, que la réussite ou l'échec des négociations d'embauche dépendent à peu près autant de la **façon dont vous présentez** vos compétences que de ces compétences elles-mêmes.

Chacun de nous se considère — à juste titre — comme un être unique, et suppose qu'il y a forcément, dans le vaste monde des affaires, un ou plusieurs emplois exactement taillés pour son expérience et sa personnalité. N'est-il pas justifié, par conséquent, d'envisager l'entretien comme la description par l'employeur du poste disponible, suivie de quelques questions auxquelles le candidat doit répondre.

Vous fondant sur ce qui précède, vous savez que telle n'est pas ma conception de l'« interview ». Celle-ci est pourtant partagée par de nombreux cadres. J'en suis venu, petit à petit, à la désigner sous le nom d'« approche réactive ». Si à la lecture d'une offre d'emploi intéressante, le candidat *réagit* en se précipitant vers la boîte aux lettres, pour y répondre parmi les premiers, nous pouvons être sûrs qu'il appartient à la catégorie réactive. Il ne réfléchit pas au fait que quatre-vingt pour cent des candidats en lice réagissent de la même façon. Alors qu'une réponse envoyée un peu plus tard augmente ses chances d'attirer l'attention, une fois que la première vague commence à refluer.

De même :

- *La personne réactive* attend d'être contactée par les « chasseurs de têtes », plutôt que de faire connaître immédiatement sa disponibilité.
- *La personne réactive* est persuadée que ses relations dépensent beaucoup d'énergie pour elle, sans qu'elle cherche à les motiver réellement pour cela.
- Enfin, la *personne réactive* ralentira ses efforts dès qu'une négociation prometteuse sera engagée, au lieu de poursuivre sa prospection.

Ces comportements ne sont ni étranges, ni condamnables, leur seul défaut étant leur inefficacité. S'il est légitime de vouloir trouver *la* place idéale, où nous mettrons à profit nos connaissances et notre savoir-faire, il est illusoire de penser qu'elle se révélera à nous. L'atteindre demande d'adopter une démarche plus positive et créative.

C'est ce que j'appelle l'approche « pro-active ». J'ai eu recours à ce néologisme, parce que le dictionnaire n'offrait aucun mot qui puisse désigner le contraire de l'attitude réactive dans le cadre particulier de la négociation de ses propres intérêts. Ainsi, nous ne recommandons pas une attitude « agressive » ; « énergique » ne convient pas non plus : l'énergie peut être canalisée ou gaspillée. Par le mot « pro-activité », j'entends que nos actions sont guidées par notre propre initiative, et non soumises à l'initiative d'autrui. En dehors de la recherche d'emploi, les comportements réactifs abondent. En voici quelques exemples :

- La personne qui attend que sa direction lui propose augmentation et promotion, plutôt que d'amener elle-même cette évolution.
- La personne que ses collègues invitent à déjeuner, et qui hésite à les inviter à son tour.
- La personne qui exécute les tâches qui lui sont assignées, sans jamais en rechercher de nouvelles qui ne demandent qu'à être accomplies.

Le choix entre réactivité et pro-activité se présente chaque jour sous des aspects différents, importants ou non (du choix de saluer ou non le premier à la décision de se marier, en passant par celui de vendre ou d'acheter des actions, etc.). Mais peu de situations révèlent l'une ou l'autre de ces tournures d'esprit plus clairement que l'« interview d'embauche ».

Vous trouverez dans les pages qui suivent un échantillon de questions très souvent posées lors des entretiens de sélection, et d'autres que vous risquez d'entendre de temps à autre. Ce qui m'intéresse n'est pas tellement leur taux de fréquence, car, même si vous ne rencontrez aucune d'entre elles, vous pourrez vous inspirer des réponses que nous proposons. Celles-ci obéissent toutes au même principe, que je résumerai sous le mot de **pro-activité**.

J'ai, pour chaque occasion, reproduit la réponse « classique » ou réactive, suivie de la réponse élaborée dans un esprit pro-actif.

LES CINQ PREMIÈRES MINUTES

Nous avons abordé précédemment le rôle important que joue la communication non verbale dans les contacts humains. Nous allons nous préoccuper maintenant de l'utilisation que vous faites des **mots**.

Il nous semble utile, à ce point, de souligner une fois encore le caractère déterminant des premières minutes de la rencontre, puisque ce sont celles qui donnent le ton des échanges ultérieurs. Il est donc essentiel de répondre d'une façon constructive aux questions posées en préambule et qui pourraient contenir les premiers pièges. (Ce terme ne veut pas dire que votre interlocuteur est un être machiavélique, cherchant à vous piéger délibérément, mais plutôt que vous risquez de vous précipiter *vous-même* dans un piège par une réponse trop hâtive.)

Les questions qui surviennent avant même que vous n'ayez eu le temps d'établir une bonne communication sont à traiter avec un soin tout particulier. Une réponse évasive, contraire à l'attente de votre hôte, peut, à ce stade encore incertain de la relation, vous nuire beaucoup plus que la même réponse faite une fois que le contact est bien établi.

Imaginons, par exemple, que l'interviewer sorte tout juste d'une réunion portant sur les problèmes de coût ; ce sujet étant tout à fait présent à son esprit, il abordera sans attendre la discussion de vos rémunérations. C'est l'exemple type de la question pour laquelle il n'y a pas de réponse qui soit meilleure qu'une autre. Quel que soit le chiffre que vous citez, il peut se situer trop haut ou trop bas par rapport à celui qu'il a en tête. Toute négociation prématurée peut diminuer d'emblée vos chances.

La solution *réactive* tendra vers la réponse suivante :

« Le plus important, pour moi, n'est pas le salaire mais la certitude d'une situation satisfaisante avec de bonnes perspectives d'évolution. Il peut cependant vous être utile de savoir que mon revenu actuel est de 60 000 $ par an. »

La réponse *pro-active* serait plutôt ceci :

« Bien sûr, la question du salaire est importante pour vous comme pour moi, mais à ce point de l'entretien, je ne sais presque rien de l'emploi proposé. Si vous n'y voyez pas d'inconvénient, j'aimerais en connaître davantage ; après quoi, j'aborderai volontiers le sujet de la rémunération. »

Objectivement parlant, c'est une position très raisonnable, et qui sera généralement accueillie comme telle. Si, comme c'est rarement le cas, votre interlocuteur persiste à vouloir traiter cette question, ce peut être une indication utile sur la santé financière de l'entreprise.

Autre point de préambule qui demande certaines précautions : *Qui* informe l'autre le premier ? Vous pouvez rencontrer un employeur qui entamera la discussion par une description précise du poste à pourvoir. Ce n'est malheureusement pas toujours le cas ; il arrive souvent en effet que le profil recherché soit encore mal défini. Le candidat est alors obligé d'avancer « à tâtons ». Si c'est le cas, voici comment vous pouvez vous y prendre.

Les interviewers, expérimentés ou non, commenceront souvent l'entretien de la même façon. Soit qu'ils ne connaissent pas de meilleur moyen, soit qu'ils attendent beaucoup d'informations sur leur visiteur. La première question qu'ils poseront sera donc :

« Pour commencer cette conversation, si vous me parliez de vous, à votre manière... »

Une réponse réactive : « J'ai grandi à Chicoutimi, où j'ai suivi mes premières études. Après le bac, je suis venu faire une maîtrise en sciences politiques à Montréal. J'ai également obtenu un doctorat en économie. Mon premier poste, en 1956, était un emploi de comptable chez Untel, etc. »

Une autre réponse réactive : « J'ai commencé ma carrière dans la vente de matériel technique. Je suis maintenant directeur des ventes chez X, pour toute la région nord. J'occupais auparavant la fonction de chef de produit, etc. »

Cette deuxième réponse est beaucoup plus efficace que la première, simplement parce qu'elle répond à l'intérêt immédiat : « Quelle est votre activité actuelle ? » La première, quant à elle, présente un double danger : vous risquez tout d'abord l'ennui pur et simple. Votre enfance chicoutimienne est aussi proche des préoccupations de votre interlocuteur que les aventures du Petit Poucet. C'est une personne très occupée qui doit traiter un certain nombre de problèmes immédiats. Si vos paroles ne l'intéressent pas, nul doute que son esprit vaquera à de plus stimulantes occupations : « Qu'est-ce que le grand patron veut dire par fixer de nouveaux objectifs ? », « Claude exagère depuis qu'il a sa carte de crédit. Il va falloir que j'intervienne ! » La plupart des interviewers sont assez doués pour donner l'impression qu'ils vous écoutent attentivement, hochant de temps en temps la tête, répondant juste ce qu'il faut de « oui », « je vois ». Bref, vous avez rompu le contact, sans même le savoir.

L'autre risque, moins probable, mais plus dangereux encore, est que l'approche historique peut vous ôter toute chance d'aborder vos compétences *présentes*. Les digressions (« Oh, vous étiez au collège de Québec ! Avez-vous connu un certain Louis Grégoire ? Il doit avoir votre âge à peu près. ») ou les interruptions (appels téléphoniques) ont vite fait de grignoter le temps qui vous était accordé. Les mots « Désolé, mais nous n'avons plus le temps » peuvent vous arrêter au moment où vous alliez aborder votre situation actuelle, qui est aussi la plus significative.

Une réponse pro-active : « C'est avec plaisir que je vous donnerai toutes les informations qui vous intéressent. Vous avez reçu mon C.V. (ou ma lettre), il semble que certains points ont retenu votre attention. Nous pourrions peut-être partir de l'un d'eux. Lequel aimeriez-vous que je développe plus particulièrement ? »

Vous allez obtenir des indications sur ce que votre interlocuteur recherche. S'il répond par exemple : « Je vois que vous avez l'expérience de la sélection et de la formation d'agents commerciaux », cela vous donne une première information, et l'assurance que ce que vous direz ne sera pas « hors sujet ».

Votre réponse ne doit cependant pas dépasser trois minutes de monologue. Vous pouvez vous interrompre ainsi : « J'ai également mis en place un programme de stimulation pour nos équipes de vendeurs. Souhaitez-vous que je vous parle de cet aspect de mon travail ? »

La réponse de votre interlocuteur, positive ou négative, vous permet de définir plus avant les points de rencontre entre votre expérience et les besoins de la société, et donc d'argumenter en conséquence.

Retenons, pour l'instant, cette règle essentielle : **l'objectif est de connaître — par tous les moyens possibles — la situation de votre interlocuteur**. Un bon vendeur ne fait pas autre chose. Celui qui fait du porte à porte pour vendre ses aspirateurs, quand il se trouve dans le salon d'un particulier, ne va pas lui faire l'éloge des techniques révolutionnaires de fabrication de ses appareils, ni de l'excellente qualité des contrôles effectués à l'usine. Il examinera plutôt la pièce, essayant de deviner la présence d'un animal domestique (poils de chien ou de chat sur la moquette, etc.), ou bien regardera s'il y a de la poussière sur les rideaux ou des cendres sur le tapis. Une fois son premier argument trouvé, il pourra dire par exemple : « Je vois que vous avez un chien. Laissez-moi vous montrer avec quelle facilité Supervent vient à bout des poils de chien. »

Vous vous dites peut-être que la moquette tapissant le bureau de vos interviewers n'est pas vraiment révélatrice de leurs problèmes, et qu'eux-mêmes ne sont pas toujours très coopératifs. Il arrive qu'ils insistent pour que vous parliez d'abord de vous « à votre manière ». Même dans ce cas, vous ne perdez rien en montrant que vous avez certaines aptitudes à la négociation. Racontez-leur brièvement votre histoire, en insistant sur votre activité *présente*, les résultats obtenus et votre niveau actuel de compétence, plutôt que sur les faits « historiques ». Votre récit doit être orienté le plus possible vers ce qui peut intéresser directement ceux qui deviendront peut-être vos employeurs.

Là encore, ce premier exposé ne doit pas prendre plus de trois à quatre minutes. Terminez par une question : « Voici les principaux éléments de mon expérience. Souhaitez-vous que j'approfondisse l'un d'eux ? » Vous respectez ainsi le désir de votre interlocuteur, et n'avez différé que légèrement votre propre investigation. Si celle-ci progresse, vous en tirerez avantage lorsque la question portera sur vos objectifs.

« Quelle est la fonction qu'idéalement vous recherchez ? »

Bien répondre à cette question suppose évidemment de connaître les besoins de l'entreprise. Reprenons les modèles réactif et pro-actif :

Réponse réactive : « J'envisagerais un poste de directeur des ventes, de préférence dans une société de dimension internationale, telle que la vôtre. »

Réponse pro-active : « Mon objectif est d'entrer dans une société dont la production serait similaire à la vôtre. J'aimerais avoir des responsabilités dans la vente et le marketing. Un emploi idéal comprendrait également la mise en place et l'animation d'équipes de vendeurs, ainsi que la prospection de nouveaux marchés, la sélection et la formation d'agents et de distributeurs. »

Tant que vous ne possédez pas d'informations précises et complètes, vous ne pouvez risquer une réponse trop précise. La réponse réactive que nous citons, neutre et générale, donne l'impression — probablement fausse — que vos objectifs sont encore mal définis.

À l'inverse, la réponse pro-active intègre l'information glanée dès l'ouverture de l'entretien, à condition naturellement que vous nommiez des tâches pour lesquelles vous êtes qualifié et qui vous *plaisent*. S'il s'agit de devenir tailleur de crayons en chef, ne croyez pas que je conseille d'inclure ce talent dans la description d'un métier idéal, à moins bien sûr d'une inclination particulière pour les crayons bien taillés...

En fait, rien dans ces pages ne devrait vous suggérer l'idée de déguiser la vérité, qu'elle concerne votre histoire passée ou vos objectifs. Ce serait une source trop évidente de confusion. L'approche pro-active des « interviews » constitue bien plus une présentation constructive des faits que leur manipulation. Dans cet esprit, examinons plus avant d'autres « questions pièges » typiques.

CHAPITRE 8

DERRIÈRE LES MOTS

J'ai déjà insisté sur l'importance des tout premiers échanges qui donnent le ton de l'entretien. Au moment où la communication commence à s'établir, les gens évitent d'instinct les questions délicates et se limitent souvent à des considérations météorologiques. Les cadres, ingénieurs ou techniciens, ne voient souvent dans ces échanges qu'une laborieuse et fastidieuse perte de temps. Les cadres commerciaux jouent davantage le jeu, conscients que ces indices même faibles sur la façon de penser de leurs interlocuteurs faciliteront la discussion quand ils aborderont des sujets plus substantiels.

En général, l'entretien d'embauche commence rarement par ce genre de préambule. Les questions importantes risquent au contraire d'être abordées à brûle-pourpoint. Dans ce cas typique, le candidat qui n'a aucune préparation et répond de façon réactive se trouvera particulièrement désavantagé.

Encore une fois, le terme « question piège » ne signifie pas qu'il y ait une intention délibérée de vous piéger, mais que très souvent on se piège *soi-même*. L'interviewer se contente d'écouter et de tirer mentalement certaines conclusions. Si celles-ci sont négatives, l'entretien semble se poursuivre normalement, alors que le candidat est déjà pratiquement éliminé.

Il peut être intéressant d'étudier les exemples suivants de réponses réactives et pro-actives à des questions qui peuvent représenter aussi bien des pièges que des passerelles vers une issue favorable.

Question : « Dites-moi, Monsieur Martel, quels sont vos objectifs à long terme ? Selon vous, quelle sera votre situation dans dix ans ? »

Réponse réactive : « Je pense que ma contribution à la société m'aura permis d'occuper un poste clé à la direction générale. »

Réponse pro-active : « Mon objectif est simple : progresser aussi loin dans les fonctions d'encadrement que mes capacités et mon énergie me le permettront. Naturellement, cela m'intéresserait beaucoup de connaître votre point de vue sur les possibilités d'évolution du poste qui nous concerne. »

Derrière les mots : Une question portant sur les objectifs à long terme a des implications personnelles aussi bien pour le candidat que pour l'interviewer. Ce dernier peut être plus âgé que vous. Quand il se projette dix ans en avant, que voit-il ? Une voie de garage ? La retraite ? Un grand bureau, trois téléphones, deux secrétaires ne sont pas nécessairement des gages de sécurité. Ces signes extérieurs de puissance ne sont peut-être que des substituts à une réelle assurance.

La réponse réactive risque d'évoquer à votre hôte des visions futures désagréables mettant en question sa propre évolution. Elle suggère une menace potentielle sur sa personne, car vous apparaissez en tant que concurrent — un de plus — dans la course aux postes clés. Rien de tout cela n'est dit explicitement, bien sûr, mais votre réponse n'en constitue pas moins un piège dissimulé que vous refermez petit à petit sur vous.

Vous ne pouvez augmenter vos chances en paraissant diminuer celles de votre interlocuteur.

La réponse pro-active, quant à elle, comprend deux parties. La seconde devrait maintenant être considérée comme une composante essentielle du type d'approche que je recommande. Demander à votre vis-à-vis comment *lui* voit votre évolution, revient à lui renvoyer la balle, dans le but d'obtenir des indications plus précises sur l'avenir du poste. De plus, vous signifiez implicitement que vous avez une certaine ambition, et que votre esprit compétitif vous pousse à atteindre le meilleur emploi en fonction de vos capacités, sans pour autant impliquer l'élimination de vos concurrents.

Question : « Quelle contribution pensez-vous pouvoir apporter à notre entreprise ? »

Réponse réactive : « Je suis certain que mon expérience et mes compétences me permettraient d'augmenter d'une façon appréciable les ventes et bénéfices de votre société. »

Ou, s'il s'agit d'un directeur financier : « Avec mon expérience des contrôles de coûts, je peux, sans aucun doute, réduire les dépenses et améliorer sensiblement les gains de la société. »

Réponse pro-active : « Face à une nouvelle situation, je procède d'abord par l'observation, j'interroge les gens concernés, jusqu'à ce que j'aie une vision claire des facteurs qui sont en jeu. Je ne pense pas que l'on puisse entreprendre une action précise sans un examen préalable. Une autre façon de vous répondre serait de vous donner quelques-uns des résultats que j'ai obtenus par le passé (citez trois exemples pertinents). Pensez-vous que la façon dont j'ai traité ces différents cas pourrait s'adapter à la situation de votre société ? »

Derrière les mots : Le piège contenu dans cette question est à peine dissimulé : il est impossible d'y répondre sans information suffisante et ce n'est pas dans le cadre de l'entretien que vous l'obtiendrez. Pour cette raison, les candidats se réfugient souvent derrière une réponse si générale qu'elle est insignifiante, ou bien se jettent à l'eau en cherchant leurs mots, dans l'espoir d'une inspiration soudaine — opération dans laquelle ils risquent au minimum de perdre leur sang-froid — ou prennent plus de risques encore en proposant un plan détaillé pour une situation dont ils ne connaissent rien ou presque. Si l'on comparait l'entretien à une course d'obstacles, nous dirions que la plupart des candidats se comportent, à ce point du parcours, comme les chevaux qui regimbent devant un obstacle trop haut, ou bien s'effondrent lamentablement dans la rivière, ou, pire encore, sautent à côté.

J'ajouterai ici un avertissement contre certaines méthodes pratiquées par un petit nombre de sociétés. Elles consistent à demander aux candidats de suggérer par écrit des solutions à une situation donnée. Je me souviens, par exemple, d'une multinationale américaine qui voulait lancer sur le marché mondial un nouvel ensemble de cosmétiques pour homme. On publia dans chaque pays une annonce proposant un poste de directeur du marketing. Une poignée de candidats qualifiés furent sélectionnés à la suite d'une première série d'entretiens. Les « heureux élus », motivés par la perspective d'un salaire élevé et d'une évolution rapide, furent invités à soumettre leurs idées pour la promotion de cette nouvelle gamme de produits sur le marché national. Ils consacrèrent des jours d'efforts à ce travail dans l'espoir de remporter la compétition. Ils ne savaient pas qu'ils dépensaient des trésors d'imagination pour une offre fictive. L'« employeur » obtint ainsi gratuitement d'excellentes idées publicitaires, au lieu de louer très cher les services d'une agence spécialisée.

Je n'ai jamais rencontré un seul cadre qui ait été engagé après ce genre d'« épreuve écrite ».

Question : « Votre société a très bonne réputation et de plus connaît d'excellents résultats. J'avoue que j'ai un peu de mal à comprendre votre désir de la quitter. »

Réponse réactive : « Je suis entré dans cette société en même temps que beaucoup d'autres jeunes cadres. À l'époque, l'embauche était supérieure aux besoins réels de l'entreprise. Si bien, que nous sommes un certain nombre à nous trouver bloqués dans notre progression. »

Réponse pro-active : « Vous avez tout à fait raison, c'est une bonne société. Seule une offre d'un intérêt exceptionnel me déciderait à la quitter. C'est pourquoi, je souhaite avoir le maximum d'informations sur l'emploi que vous proposez. »

Derrière les mots : La réponse réactive amène plus de questions que de renseignements : « Pourquoi certains cadres ont pu évoluer normalement, alors que le candidat s'estime "en trop"? » « Pourquoi est-il si désireux d'aller ailleurs qu'il ne se préoccupe pas vraiment de ce que lui rapporterait cette nouvelle situation ? » « Ne serait-il pas *obligé* de quitter son emploi actuel ? »

La réponse pro-active suppose, quant à elle, que vous faites peser sur un des plateaux de la balance les avantages de votre situation présente et sur l'autre les perspectives que vous ouvrirait ce changement, autrement dit que vous mesurez tous les risques et tous les bénéfices d'une décision avant de la prendre. C'est une façon réaliste et pragmatique, en un mot : Adulte, de résoudre un problème. De plus, vous signifiez clairement que vous appréciez votre situation actuelle, et n'en accepteriez pas d'inférieure. Ce faisant, vous passez de la demande à l'offre.

Si vous êtes sans emploi, l'interviewer suivra d'autres voies :

Question : « Depuis combien de temps êtes-vous sans travail ? »

Réponse réactive : « Quatre mois environ. »

Réponse pro-active : « Cela fait quatre mois que je recherche activement un emploi. Plusieurs possibilités s'offrent mais je suis déterminé à n'accepter qu'un poste cohérent avec l'ensemble de ma carrière. Pensez-vous que j'ai raison ou pencheriez-vous plutôt pour un travail intérimaire en attendant de trouver mieux ? »

Derrière les mots : Les gens apprécient qu'on leur demande leur avis, et particulièrement ceux qui affectionnent un rôle Parental. Tandis que la réponse réactive soulève des questions — qui peuvent rester muettes — telles que : « Pourquoi n'avez-vous pas encore trouvé à vous faire accepter ? » « Essayez-vous vraiment de résoudre votre problème de chômage ou vous complaisez-vous dans cette situation ? » « Pourquoi engagerais-je quelqu'un que l'on a refusé partout où il s'est présenté ?... Évidemment, s'il n'a pas d'autres possibilités, je peux peut-être l'amener à réduire ses prétentions. »

Au lieu de se placer en position de faiblesse, le négociateur pro-actif démontre qu'il est un candidat tout à fait acceptable, et qu'il a suffisamment de caractère pour décliner un emploi sous-qualifié. Il montre, par sa question, qu'il ne néglige pas pour autant le point de vue plus objectif de quelqu'un d'autre.

Question : « Comment envisagez-vous l'idée de changer votre lieu de résidence ? »

Réponse réactive : « Pour un certain nombre de raisons, mon conjoint et moi ne pouvons considérer une telle éventualité. »

Autre réponse réactive : « Cela ne pose aucun problème ! »

Réponse pro-active : « J'ai une certaine souplesse en ce domaine. Mais qu'entendez-vous exactement par là ? »

Derrière les mots : Préjuger des intentions de l'employeur est source de nombreuses erreurs. La question peut n'être qu'une supposition, ou ne correspondre qu'à un déplacement limité (par exemple, dans les lieux mêmes où se déroule l'entretien, ou encore, elle peut indiquer la possibilité d'un autre poste dans une succursale éloignée). Pour certains interviewers, c'est un critère de motivation et d'adaptabilité. J'ai rencontré plusieurs cadres dont l'avancement a cessé dès le premier ou second refus de changer de lieu de travail. Si votre réponse à ce test est négative, il est probable que l'issue de la rencontre sera, elle aussi, négative.

La seconde réponse réactive présente d'autres dangers : vous offrez en effet de signer un chèque en blanc, engageant votre avenir et celui de votre famille (la Sibérie n'est pas exactement un lieu de séjour rêvé). En voulant maintenir, à n'importe quel prix, le dialogue avec votre interlocuteur, vous vous dévalorisez à ses yeux. Alors, comment obtenir le même résultat sans affaiblir votre position ?

Supposons d'abord que l'interviewer réponde précisément à la question pro-active : « Nous avons effectué de nombreuses études de coût avant de choisir l'emplacement de notre siège. Dans la mesure où nous recevons peu de visiteurs, nous envisageons de nous installer en Terre de Feu. Pensez-vous pouvoir nous suivre ? »

Réponse réactive : « Je suis désolé, mais je suis assez frileux et je craindrais de m'ennuyer avec les pingouins. »

Réponse pro-active : « J'avoue que je connais mal cette région. Est-ce qu'il est dans vos usages d'envoyer les gens sur place avec leur conjoint, afin qu'ils puissent étudier les possibilités de logement, les services d'éducation et de loisirs, avant de prendre leur décision définitive ? »

Derrière les mots : Notez que rien dans cette dernière réponse ne suggère une quelconque requête personnelle, mais qu'il s'agit plutôt de s'informer sur la politique générale de l'entreprise en la matière. On peut vous répondre sèchement : « Vous semblez entretenir des idées radicales en ce qui concerne le management. Notre entreprise est soucieuse de faire des bénéfices, pas d'encourager le tourisme. » À l'inverse, la réponse : « Telle est en effet notre coutume » révèle l'attitude censée d'un employeur soucieux d'avoir le plein accord de son personnel avant d'entreprendre des changements aussi importants, et persuadé que c'est également son intérêt.

Mais, dans le cadre d'un premier entretien, la réponse la plus probable consistera à dire : « Une réponse précise serait un peu prématurée. Nous pourrons revenir plus tard sur ce sujet. Essayons de voir, tout d'abord, jusqu'à quel point nos intérêts concordent. »

Qu'il choisisse l'une ou l'autre de ces options, vous aurez appris quelque chose sur le style de gestion de l'entreprise et la discussion reste ouverte.

Question : « Comme nous abordons des points importants, voyez-vous une objection à ce que Madame Roy se joigne à nous ? »

Réponse réactive : « Non aucune, elle est la bienvenue. »

Réponse pro-active : « Non aucune, pouvez-vous me dire quel est son rôle dans votre organisation ? »

Derrière les mots : L'arrivée d'une tierce personne (voire d'une quatrième) pose de nouveaux problèmes au candidat. Non seulement elle peut modifier profondément le caractère de la transaction engagée — à commencer par le nombre accru des questions à traiter — mais cela se complique encore si vous ne connaissez pas la position de chacune des personnes en présence. Vous n'accorderez pas la même attention à Mme Roy selon qu'elle est une assistante de votre interviewer ou la fondatrice de la société.

Il est essentiel de toujours **connaître la fonction** de votre interlocuteur.

Voici deux autres questions qui, posées au tout début de l'entretien, constituent des pièges potentiels : celle qui aborde prématurément la question du salaire (la réponse que nous vous suggérons pour ce cas se trouve à la page 94), et celle qui concerne la date de votre disponibilité (les problèmes qu'elle pose et leur solution sont exposés à la page 54).

Ayant franchi avec succès les questions inaugurales et leurs pièges, vous devenez un candidat convenable ; vous pouvez donc poursuivre la discussion et aborder la phase centrale de la négociation, qui est la prochaine étape : Comment renforcer davantage votre position ?

CHAPITRE 9

AU CŒUR DE LA NÉGOCIATION

Maintenant qu'une bonne communication — verbale et non verbale — est établie entre votre interlocuteur et vous (vous avez su éviter les réponses réactives, les attitudes négatives, les messages agressifs), et que vous avez fait la preuve d'une certaine habileté dans les transactions interpersonnelles, vous pouvez aborder une nouvelle phase de la pro-activité. Jusqu'ici, l'initiative des questions était laissée à l'interviewer. Nous allons voir maintenant quelles questions il est *possible*, et même recommandé, de placer *vous-même* dans la conversation aux moments opportuns.

Il est préférable d'arriver au rendez-vous avec un certain nombre de questions en tête concernant votre domaine (vente, finance, technique), et nous vous en suggérons quelques autres qui vous permettront de mieux connaître l'entreprise et sa politique.

« Pour qui devrai-je travailler ? »

C'est un problème très important et pourtant trop souvent négligé. Si ce n'est pas le responsable du personnel que vous rencontrez, vous pouvez très bien en déduire que c'est votre futur patron. Or, certains candidats s'aperçoivent à leurs dépens que tel n'est pas toujours le cas. Je me souviens d'un responsable du marketing qui avait été engagé par le directeur d'une usine d'outillage. Lorsqu'il se présenta, le premier jour, à son travail, il apprit qu'il devait s'adresser au directeur des ventes qui n'avait absolument pas pris part à la sélection. Il retira de cette expérience que les conclusions hâtives sont plutôt dangereuses, car il dut admettre très vite qu'il ne pouvait satisfaire aux exigences de ce « double patronat ».

« Est-ce un poste déjà existant ou nouvellement créé ? »

S'il s'agit d'un nouveau poste, il sera utile d'interroger votre interlocuteur sur les objectifs à atteindre et les moyens qui seront mis à votre disposition.

Dans le cas contraire, la question pourrait être :

« Quelle est la situation actuelle de la personne qui occupait ce poste ? »

Des trois cas suivants : démission, licenciement ou promotion, le dernier laisse entrevoir une bonne perspective d'évolution. Les deux autres sont de mauvais augure quant à l'avenir d'un tel emploi. Mais la diplomatie invite à ne pas trop approfondir les raisons de ce départ.

« J'aimerais beaucoup que vous me montriez où se situe le poste dans l'organigramme. »

Si votre supérieur immédiat est votre relation principale avec le pouvoir dans l'entreprise, il peut, néanmoins, être intéressant pour vous de juger du statut que vous auriez en regard de l'ensemble de la hiérarchie. Cet examen révèle fréquemment l'existence de relations en pointillé (avec toute l'ambiguïté que cela comporte).

« Quand un poste est vacant, avez-vous coutume de recruter à l'intérieur de l'entreprise ou de faire appel à l'extérieur ? »

La réponse peut vous donner quelques indices quant à l'existence d'une pratique de recrutement — pas aussi inhabituelle qu'on pourrait le penser — qui consiste à s'offrir une sorte de «concours de beauté» entre des candidats extérieurs à l'entreprise et d'autres appartenant déjà au personnel. Que la concurrence vienne parfois davantage de l'intérieur est un fait à ne pas négliger. Si la préférence est déjà donnée à quelqu'un de l'entreprise, la personne de l'extérieur concourt en fait pour une place faussement vacante. Comment cette situation est-elle possible ?

J'ai connu plus d'une circonstance où le directeur général avait choisi quelqu'un de son équipe avant même d'organiser les entretiens de sélection. Ces derniers visaient simplement à cautionner sa décision, afin qu'elle ne paraisse pas entachée de favoritisme. Aussi déclarait-il «la compétition ouverte» et «que le meilleur gagne» (il pouvait même recourir aux services d'un cabinet de recrutement).

Dans ce cas, la procédure semblait tout à fait normale (on interviewe deux douzaines de candidats qualifiés) la seule particularité de ce genre de «compétition ouverte» étant que l'on peut prévoir la victoire de la candidature interne. Mais le directeur général peut fort bien déclarer qu'«après avoir procédé à une vaste sélection, à la fois à l'extérieur et à l'intérieur de l'entreprise, je suis heureux d'annoncer que la meilleure candidate retenue est Madame France Leclerc, de notre département du marketing».

Ce genre de comédie se joue assez souvent dans le secteur public où les postes vacants sont obligatoirement publiés. Vouloir légitimer un recrutement part, bien sûr, d'une bonne intention, mais a pour seul résultat d'accroître le gaspillage des deniers publics en vaines procédures.

Les victimes de cette mascarade doivent admettre que ces situations existent et qu'il n'y a pas plus d'échec qu'il n'y avait de compétition.

OUVERTURE DES NÉGOCIATIONS DE SALAIRE

Si, ainsi que nous l'avons suggéré, vous avez pu différer une discussion prématurée sur votre rémunération, le sujet ne manquera pas d'être de nouveau abordé.

Nous supposons que vous avez maintenant une vision plus claire de l'emploi proposé, de la société et de vos possibilités d'évolution. Nous allons également imaginer, pour corser un peu plus la négociation, qu'aucun recruteur professionnel n'est intervenu en amont, ce qui laisse les deux protagonistes ignorants de leurs positions respectives en la matière.

Question (première version) : Quelle est votre rémunération actuelle ?

Question (deuxième version) : Quel niveau de compensation souhaitez-vous ?

Réponse réactive à la première version : Donner un chiffre précis.

Réponse pro-active : Une question aussi directe n'offre guère d'échappatoire. Il est possible, cependant, de répondre non pas en termes de salaire, mais en termes de compensation globale. En ce cas, veillez à ne pas utiliser le mot « salaire » mais bien celui de « compensation ». Cela vous permet d'ajouter à votre salaire brut la valeur annuelle approximative de toutes les gratifications, en tenant compte en particulier du véhicule de fonction, de l'assurance-vie, de la participation au capital, et autres avantages dont vous pouvez bénéficier. Mais votre réponse ne doit laisser place à aucune ambiguïté. Elle peut être conçue ainsi :

« Le montant global de ma compensation atteint un peu plus de 80 000 $ par an. » On vous demandera très rarement, surtout lors d'un premier entretien, de baisser votre chiffre.

Vous devez cependant vous préparer à cette éventualité et disposer d'arguments solides pour défendre votre position.

Réponse réactive : J'aimerais un salaire annuel de l'ordre de 80 000 $.

Réponse pro-active : Il n'est pas inutile de dire en préambule : «Comprenons-nous bien, M. Morin, ce qui m'intéresse avant tout, c'est la gratification et la progression que je pourrais retirer d'un tel poste, ainsi que les caractéristiques de l'entreprise à laquelle je m'associerais.» Vous signifiez par là, que vous n'êtes pas intransigeant sur la question du salaire. À ce point, votre objectif immédiat est de tenter de connaître le chiffre qu'il a en tête. Car le montant que vous indiquerez a toutes les chances de se situer au-dessus ou au-dessous de celui qui est envisagé par la société. Afin d'obtenir cette information de votre interlocuteur, vous pouvez essayer une de ces deux méthodes.

L'approche directe vous ferait dire à la suite de votre préambule : «Comme je vous l'ai dit, je n'ai pas d'idées arrêtées en ce qui concerne la question de la compensation, aussi j'aimerais connaître le salaire que vous envisagez pour ce poste.»

L'approche indirecte se base, quant à elle, sur le fait que la compensation constitue un ensemble dont le salaire est la majeure partie, mais dont les autres éléments contribuent de façon non négligeable au revenu global.

Votre réponse peut donc partir de cette constatation :

«Puisque le salaire est directement imposable, j'aimerais que nous puissions discuter des autres dispositions compensatoires. Votre société prévoit-elle, par exemple, une participation des cadres au capital ?»

Vous pouvez poursuivre votre investigation en fonction de la réponse de votre interlocuteur. Si celui-ci ne mentionne que l'actionnariat, vous pouvez passer à une autre question précise :

« La compensation inclut-elle une assurance-vie ? »

Vous pouvez également vous enquérir de l'existence d'avantages tels que :

- assurance collective
- régime de retraite
- usage d'une voiture
- remboursement de frais divers
- etc.

Quelle est l'utilité de cette récapitulation des revenus non salariaux ?

Tout d'abord, si les gratifications sont très avantageuses, c'est une information importante dont il faut tenir compte dans la discussion salariale. En revanche, si c'est la « portion congrue », il est possible que l'employeur sente sa position s'affaiblir dans la négociation, et qu'il révise votre salaire à la hausse.

L'autre avantage — et non le moindre — est que vous avez détourné votre interlocuteur de sa question initiale (« combien voulez-vous ? ») durant plusieurs minutes. Vous pouvez alors tenter de la lui retourner en demandant, tout de suite après la discussion des avantages :

« Je vous remercie de ces informations. Cela me semble tout à fait intéressant. Je serais curieux, maintenant, de connaître le montant du salaire correspondant à cette compensation. » Naturellement, le résultat n'est pas garanti. L'interviewer risque de vous regarder, vaguement interloqué : « Voyons, il me semble que c'est précisément la question que je *vous* ai posée, et je ne crois pas avoir entendu votre réponse. » Mieux vaut alors obtempérer. Mais vous n'avez rien perdu en glanant toutes ces informations nécessaires. Mieux encore, un interviewer vous accordera un score élevé en tant que négociateur — talent qu'il pourrait mettre avantageusement au service de sa société.

S'il est difficile de rester évasif plus longtemps, évitez cependant d'être trop précis : « Bien que je n'aie pas d'exigence stricte concernant mon salaire, il peut vous être utile de connaître le montant actuel (ou le plus récent) de ma compensation : il s'élève à ***** par an. Naturellement, j'apprécierais que ce chiffre soit augmenté. (Ce chiffre est l'addition de votre salaire annuel et d'une estimation de tous les avantages annexes.)

La balle est maintenant clairement dans le camp de l'interviewer. Mais il est possible qu'il ne souhaite pas négocier au cours d'un premier entretien. Dans ce cas, il notera votre chiffre et s'y référera lors d'un éventuel prochain contact.

Autre scénario possible : il estime votre chiffre beaucoup trop élevé et vous le signifie ainsi :

« Je crains que nous n'ayons un problème. Vous comprenez que nous souhaitons harmoniser nos rémunérations pour chaque échelon. Et, malheureusement, nous ne pouvons même pas envisager de vous offrir l'équivalent de votre salaire actuel. Maintenez-vous malgré tout votre candidature ? »

La réponse dépend bien sûr de votre intérêt pour le poste et la société concernés. Si vous êtes toujours motivé, vous pouvez garder la balle en jeu, sans pour autant vous déprécier aux yeux de votre interlocuteur (ce qui arriverait si vous disiez : « Je pourrais envisager une diminution de mon salaire ». Cette réponse laisse à penser que vous n'avez aucune autre possibilité et que votre situation est plutôt désespérée).

Vous pouvez éviter de vous dévaloriser, tout en laissant la discussion ouverte, en formulant ainsi votre réponse :

« Il est dommage que nos vues ne concordent pas tout à fait, car j'étais très intéressé par ce poste et ce que j'ai appris sur votre société. Mais je pourrais envisager un investissement sur l'avenir. Aussi j'aimerais connaître les possibilités de développement. Est-ce que, par exemple, une révision de salaire serait envisageable d'ici six mois à un an ? »

Si la réponse est négative, mon conseil serait de rompre ici la négociation. Dans le cas contraire, l'interviewer est probablement limité à un certain budget. Il n'est donc pas impossible que l'on procède à une réévaluation lors du prochain plan budgétaire. Il est par ailleurs plus facile de justifier une augmentation en regard des performances qu'un engagement à un salaire plus élevé que ceux versés par l'entreprise. Il vous faudra naturellement interroger l'interviewer sur les problèmes techniques concernant votre activité. Quant à lui, il peut également vous poser certaines questions qui risquent de vous surprendre par leur caractère très particulier. Examinons quelques exemples tirés de mon expérience personnelle.

CHAPITRE 10

QUESTIONS « FÉTICHES »

Un certain nombre d'interviewers — peut-être la majorité — ont leurs questions favorites. S'il est impossible de prévoir leur contenu — parfois peu orthodoxe — j'ai acquis la certitude, au cours de mon expérience, qu'on pouvait toutes les tourner à son avantage, pourvu que l'on maintienne une attitude pro-active.

Voici quelques exemples.

Question (au tout début de l'entretien): « Puisqu'il s'agit de faire connaissance, je vous laisse le choix: préférez-vous me parler de vous ou que je vous présente notre organisation ? »

Réponse réactive: « Je suis responsable de recherche en agro-alimentaire, etc. »

Réponse pro-active: « C'est avec un grand intérêt que j'écouterai les informations que vous voudrez me donner sur votre entreprise et l'emploi auquel vous souhaitez pourvoir. »

Les interviewers qui utilisent ce genre de ruses ont une idée bien précise de la réponse qu'ils attendent. Le candidat qui choisit de parler de lui manque aux règles élémentaires de la courtoisie, et risque de voir considérablement raccourcie la durée de son entretien. Il est d'emblée jugé inapte à la négociation et soupçonné d'avoir des problèmes dans ses relations humaines. Même si c'est inexact, cela ne fait aucune différence. Ces questions fétiches sont chères aux interviewers, car elles constituent une grille d'examen commode et de plus, un gain de temps appréciable.

Question : « Nous avons longuement parlé de votre vie professionnelle, Monsieur Martel. Afin de mieux connaître votre personnalité, j'aimerais maintenant que vous me disiez quel est, selon vous, votre point fort ? »

Réponse réactive : (après un temps d'hésitation) « Il n'est pas aisé de répondre à une telle question. Mais, je pense être un homme honnête et intègre. Je suis aussi très travailleur. »

L'interviewer : « La question portait sur une seule qualité. »

Le candidat : « Oui, c'est vrai. Alors, je dirais l'intégrité. »

Que l'on ne se méprenne pas. Je n'ai absolument rien contre l'honnêteté, l'intégrité et l'ardeur au travail. Leur seul « défaut » est (heureusement) d'être très répandues, si bien qu'elles sont implicitement attribuées aux candidats. Il est donc inutile de se parer, explicitement, de ces qualités, comme le font la plupart des candidats.

Réponse pro-active : « S'il est difficile d'isoler une qualité, je crois, malgré tout, que ma compétence dans la formation d'équipes de travail efficaces est mon point le plus fort. »

C'est une réponse parfaitement acceptable *si* l'entreprise doit, en effet, résoudre des problèmes d'organisation. Votre « point fort » doit toujours s'appliquer à la fonction que vous seriez censé exercer. Est-il besoin d'ajouter qu'ici la fiction est encore moins souhaitable que la banalité ?

Quelle que soit votre réponse, l'interviewer peut passer à la seconde partie de son scénario :

Question : « Naturellement, les qualités d'organisateur sont indispensables. Mais chaque médaille a son revers. Quel serait, selon vous, votre point faible ? »

Réponse réactive : « On me reproche parfois de m'attarder sur des détails. »

J'ai volontairement choisi une des réponses les plus défavorables (sauf si, exceptionnellement, le poste requiert une extrême minutie). Le candidat s'adresse en général à un dirigeant, donc vraisemblablement, à quelqu'un qui aime que les choses avancent. Les cadres qui se perdent dans des détails sont pour lui un véritable fléau.

Il y a bien d'autres réponses qui peuvent vous nuire. Pour les éviter, vous pouvez répondre selon l'approche suivante.

Réponse pro-active : « J'aime les résultats concrets, et quand, pour une raison ou pour une autre, cela prend plus de temps que prévu, il peut m'arriver d'en être irrité, et de me montrer parfois désagréable. Pensez-vous que ce soit un handicap sérieux pour le poste concerné ? »

Une fois encore, la réponse doit s'inspirer de la réalité et se référer au profil recherché. Il est clair que certaines qualités constituent à la fois des forces et des faiblesses. Dans notre modèle pro-actif, nous citons une caractéristique partagée par la plupart des dirigeants. Il est donc probable que cette tournure d'esprit soit aussi celle de l'interviewer.

Question : « Vous est-il arrivé au cours de votre carrière professionnelle de rencontrer des situations de conflit ? Si c'est le cas, j'aimerais que vous me donniez un exemple. »

Réponse réactive : « Non, j'ai toujours entretenu de bons rapports avec mes collègues. »

Cette réponse présente deux dangers. Elle peut être interprétée comme un manque de personnalité du candidat, dont la principale motivation paraît alors d'éviter tout conflit. Mais surtout une telle affirmation, même vraie, semble difficile à croire.

Réponse pro-active : « Bien sûr, il m'est arrivé de vivre des conflits. Je me souviens, en particulier, d'une période difficile, où notre société a dû licencier plusieurs personnes. À cette occasion, comme dans n'importe quelle autre, j'ai eu le sentiment d'agir pour le bien de mon organisation. Pensez-vous qu'il soit possible aux dirigeants d'éviter tout conflit ? »

Question : « Pour fixer un prochain rendez-vous, pouvons-nous vous joindre à votre bureau ? »

Réponse réactive : « Oui, sans aucun problème. »

Cette réponse peut vous faire du tort, car elle suggère que votre employeur est informé de vos démarches, qu'il les a peut-être même suggérées. Autrement dit, qu'il a le désir que vous partiez, ou en tout cas qu'il n'en conçoit pas de regret.

Réponse pro-active : « Je suis désolé, mais cela pourrait compromettre ma situation. Par contre, je peux vous téléphoner à une date que vous fixerez, ou vous pouvez aussi appeler à ma résidence et laisser un message sur mon répondeur. Qu'est-ce qui vous semble le mieux ? »

Question : « Pouvez-vous nous indiquer trois ou quatre références professionnelles ? »

Réponse réactive : « Oui, bien sûr. »

Notre discussion portant toujours sur le premier entretien, il est prématuré de fournir des noms et des adresses. Tout d'abord, il vaut mieux garder ces références pour plus tard, si vous ne voulez pas trop vous répéter, surtout si vous avez entrepris, comme j'ose l'espérer, un prospection de grande envergure ; car les gens cités répondront aux premières demandes vous concernant, puis de moins en moins volontiers. L'autre raison pour laquelle il est préférable de différer votre réponse concerne votre actuel employeur, si vous n'avez pas encore quitté votre emploi. Cela suggérerait également que votre départ a été, au minimum, décidé par « consentement mutuel ».

Réponse pro-active : « Je vous donnerai volontiers mes références. Mais vous comprendrez que je ne souhaite pas déranger mes relations par des requêtes répétées. C'est pourquoi je préfère attendre que nous ayons fait plus ample connaissance avant de vous indiquer leurs noms. »

Question : « Voici une feuille de papier. J'aimerais avoir un spécimen de votre écriture. Voulez-vous m'écrire quelques phrases, sur le sujet qu'il vous plaira ? »

Réponse réactive : Commencer à écrire.

La graphologie est largement utilisée comme moyen de sélection. Il n'y a donc aucune raison de vouloir vous y dérober. Cependant, produire un échantillon de votre écriture de ce côté moins confortable du bureau, et en étant de plus observé, pourrait influencer le résultat d'une façon négative (trahir une certaine anxiété, par exemple). Il est donc préférable de l'éviter.

Réponse pro-active : « Je vous fournirai volontiers un spécimen de mon écriture. Mais, serait-il possible que j'écrive ces quelques lignes chez moi, afin de vous donner un échantillon plus représentatif ? »

Si, malgré tout, l'interviewer insiste, alors, cédez de bonne grâce. Votre remarque est tout à fait justifiée, et ne peut donc vous être reprochée.

Question : « Nous sommes malheureusement obligés d'aborder la question de l'âge, Monsieur Martel. Vous avez quarante-sept ans. Notre président n'en a que quarante-deux, et nous avons l'habitude d'engager des gens qui sortent tout juste de l'université. Bien que vous soyez parfaitement qualifié, cette différence d'âge pose un problème. »

Réponse réactive : « J'ai quarante-sept ans, en effet, mais je n'en ai pas moins la santé et l'énergie d'un homme de trente. »

Réponse pro-active : « Je comprends bien votre préoccupation. Mais un homme de mon âge a l'expérience d'un grand nombre de problèmes et de leurs solutions. Je pourrais mettre ces atouts à votre service en convenant avec vous d'un contrat à durée déterminée, ce qui mettrait vos collègues à l'aise. En un an, je pense contribuer suffisamment aux intérêts de l'entreprise pour que nous puissions considérer une association plus longue. Que pensez-vous de cette suggestion ? »

Une telle réponse renferme une offre attrayante pour un employeur car, visiblement, cette expérience fait défaut au sein de son personnel. D'un autre côté, elle vous place en position de vulnérabilité : une année pour faire vos preuves, c'est relativement court — surtout si vous êtes entouré de « jeunes loups » prêts à prendre la relève. N'ayez recours à cette solution que dans ces trois cas :

1. Si vous devez quitter votre emploi actuel ;
2. Si vous êtes sans emploi ;
3. Si vous êtes certain que l'âge est un facteur à ce point déterminant qu'une procédure normale d'engagement vous enlèverait toutes vos chances.

Question (à une femme) : « Comme ce poste exige de fréquents déplacements, j'aimerais savoir si vous avez l'intention d'avoir des enfants ? »

Réponse réactive : « Non, ce n'est absolument pas dans mes intentions, pour le moment. »

Cette réponse n'en est évidemment pas une : vos intentions pourraient changer du jour au lendemain.

Réponse pro-active : « J'ai décidé, il y a longtemps déjà, de privilégier ma carrière professionnelle. Je n'élimine pas pour autant la possibilité d'avoir des enfants. Mais quand la question se posera, je choisirai d'engager une aide à plein temps plutôt que de compromettre à la fois ma vie professionnelle et ma vie familiale. Mais, pour l'instant, je peux vous assurer que ce n'est pas dans mes projets.

CHAPITRE 11

RÉUSSIR SA SORTIE

Il est aussi important de soigner la conclusion de l'entretien que l'ouverture de celui-ci.

Si votre interviewer apprécie les bonnes manières, il vous indiquera — par quelques signes non verbaux — que la fin de l'entretien est venue. S'il lance, par exemple, des coups d'œil répétés à la pendule, s'il commence à ranger quelques papiers épars sur son bureau, et s'il ne reprend pas les nouveaux sujets abordés, il est temps de préparer une retraite en bon ordre. Retenir votre interviewer, malgré cette invitation discrète à partir, ne pourrait que l'irriter. S'il a l'impression d'accroître son retard, il peut mettre brusquement un terme à l'entretien, par ces mots : « Je suis désolé, mais je dois me rendre à une réunion. Je vous remercie de votre visite. Nous vous tiendrons informé quant à l'éventualité d'un prochain contact. »

Réponse réactive : « Je vous remercie, Monsieur Bertrand. J'ai beaucoup apprécié notre conversation. L'emploi dont nous avons discuté correspond tout à fait à mon attente. J'espère que nous en reparlerons. »

Quels problèmes pose une telle réponse ?

Tout d'abord, que le poste *vous* plaise ne présente pas un grand intérêt pour votre interlocuteur ; ce qui le préoccupe, c'est de savoir ce que vous pouvez apporter à son organisation. Ensuite, vous partez sur de vagues promesses d'être recontacté, ce qui vous expose à patienter de longues semaines dans la plus complète incertitude, puisque vous n'avez aucune précision sur la date possible de sa décision. Afin de savoir à quoi vous en tenir, vous finirez par prendre l'initiative de l'appeler, peut-être trop tard, ou peut-être trop tôt. De toute façon, vous vous heurterez presque sûrement au barrage de sa secrétaire, justement chargée de filtrer les appels de relance qui n'ont pas été préalablement convenus.

Ce manque d'information est tout à fait fâcheux lorsque plusieurs négociations sont en cours. Supposons que la situation précédemment évoquée soit celle qui vous intéresse le plus, et qu'une autre situation B — qui n'est pas idéale, mais réalise certains de vos vœux — exige que vous preniez votre décision. Connaître les suites données à la négociation A devient alors indispensable. Si vous avez la chance de mener plusieurs négociations importantes à la fois, il est essentiel de convenir de dates — même si elles sont nécessairement approximatives — auxquelles vous serez informé des décisions vous concernant.

Réponse pro-active (première partie) : « Quand pensez-vous avoir terminé votre première sélection ? »

L'interviewer : « D'ici trois semaines, environ. »

Réponse pro-active (deuxième partie) : « Je crains qu'il ne soit pas facile de me contacter. Comme vous pouvez le penser, je me déplace fréquemment ces temps-ci, et parfois assez loin, pour prospecter dans d'autres directions. Je suis, par ailleurs, très intéressé par ce que j'ai entendu aujourd'hui. Ce serait dommage, pour vous et moi, que nous ne puissions nous joindre. Nous pourrions convenir que je vous rappelle dans trois semaines. Qu'en pensez-vous ? »

L'interviewer : « Eh bien, c'est entendu. »

Il peut, bien sûr, refuser : « Je vous remercie de cette suggestion, mais nous trouverons bien le moyen de vous contacter. »

Même s'il vous fait cette réponse, plutôt improbable, vous savez approximativement quand la première décision sera prise. Rien ne vous empêche alors de téléphoner quatre semaines plus tard, en disant à la secrétaire :

« Monsieur Bertrand m'a dit qu'une décision devait être prise à ce jour, j'aimerais en parler avec lui. »

De cette façon, vous lui rappelez au moins une donnée précise, qu'elle peut communiquer à son supérieur.

Pour réussir votre sortie, voici deux recommandations importantes :

1. Ne pas omettre de saluer aimablement le personnel. Cette recommandation peut paraître superflue ; il est pourtant très facile de passer devant ces gens sans les voir, tellement l'entretien qui vient de se terminer est encore présent à notre esprit. Or, beaucoup de dirigeants font appel à leur personnel pour vérifier leurs impressions, conscients du fait que les gens peuvent présenter un visage entièrement différent selon leurs interlocuteurs et la fonction qu'ils occupent. Le candidat était-il nerveux ? impatient ? déprimé ? sont des questions qui peuvent s'ajouter à celles de l'entretien. N'oubliez pas que les relations entre patron et secrétaire peuvent, en effet, être étroites.

2. Il n'est pas impossible que votre interviewer vous raccompagne jusqu'à la porte, ou jusqu'à l'ascenseur, et que la conversation prenne alors un ton plus détendu qui peut vous jouer des tours. Une seule règle : **L'entretien n'est pas terminé tant que vous n'avez pas franchi le seuil de l'immeuble.** Je connais plusieurs cas, où l'impression laissée par le candidat s'est considérablement ternie par un accès soudain de spontanéité qui n'était dû, en fait, qu'à un brusque relâchement de la tension.

Confirmer sa candidature

Il est surprenant de constater que fort peu de candidats envoient, à la suite d'un entretien, une lettre confirmant leur candidature. Ils pensent, sans doute, que c'est une formalité inutile. Je la recommande pourtant, car c'est un contact supplémentaire, qui amène l'interviewer à se souvenir de vous et de votre situation. Comme la sélection se fait, en général, parmi un grand nombre de candidats, les signes distinctifs de chacun finissent par se confondre. Tout ce qui peut vous éviter d'être effacé de la mémoire du recruteur doit être tenté.

Vous augmenterez l'impact de votre message en le rédigeant comme une lettre d'affaires. Si vous avez réussi à convenir d'un contact téléphonique dans les quarante-huit heures suivant la rencontre (voir page 54), n'écrivez qu'après votre appel. Une lettre typique dirait dans ce cas :

Madame la Directrice,

Je vous confirme les termes de notre conversation téléphonique d'hier après-midi, où je vous informais de ma disponibilité pour une nouvelle activité dans deux mois.

Je tiens à vous remercier pour les informations que vous m'avez communiquées sur le poste à pourvoir ainsi que sur votre société. Très favorablement impressionné, je poursuivrai volontiers nos discussions.

Comme convenu, je vous rappellerai le 15 septembre afin de discuter d'une nouvelle rencontre.

Je vous prie de croire, Madame la Directrice, à l'expression de mes sentiments distingués.

Robert Dumas

Les questions typiques que nous avons citées, ainsi que les réponses que nous leur suggérons, correspondent au contenu « classique » de l'entretien. Mais, les premiers contacts ne se limitent pas à ce modèle traditionnel. Des rencontres très fructueuses peuvent se produire à la suite d'une démarche éminemment pro-active, que je nommerai la « consultation ».

CHAPITRE 12

LA CONSULTATION

Jusqu'à présent, notre discussion a porté sur les échanges intervenant au cours d'un entretien d'embauche « classique ».

À l'évidence, tous les premiers contacts avec un employeur potentiel ne sont pas de cette nature. Ainsi, nous connaissons tous parmi nos relations des gens avec qui nous pouvons discuter de nos perspectives d'emploi. Certains sont même tellement bien entourés sur ce plan qu'ils comptent trop sur leurs relations. Je pense ici au cas d'un sous-directeur d'une usine d'équipements pour l'industrie textile. Cette société, traversant une période critique, licencia une partie du personnel dont ce cadre, alors âgé de quarante-sept ans. La perte de son emploi, après dix-huit ans de « bons et loyaux services », lui causa un choc sévère. Puis, il composa avec sa nouvelle situation qui lui parut, petit à petit, moins dramatique. « Après tout, se disait-il, avec tous les gens que je connais et avec qui j'ai de bonnes relations, j'en trouverai plus d'un pour m'aider à trouver quelque chose. »

Il entreprit alors, comme beaucoup d'autres dans son cas, une vaste campagne auprès de ses connaissances, qui dura trois mois environ. Il déjeuna avec l'un, but un verre avec l'autre, et, fort de leurs conseils, rencontra des employeurs. Ces trois mois passés, il attendit les résultats qui, selon lui, ne pouvaient manquer de suivre. Il n'y en eut malheureusement aucun. Il avait de plus perdu cinq mois d'un temps précieux, et dut affronter un second réveil douloureux. Non seulement il avait perdu son emploi, malgré un parcours sans faute, mais il se sentait maintenant « lâché » par ses amis et dévalorisé à leurs yeux. L'amertume, ajoutée à un sentiment d'injustice, ne fit que l'aigrir un peu plus. Un tel cocktail d'émotions n'était guère propice à une bonne performance lors de ses contacts ultérieurs.

Un cadre mieux informé des mécanismes de la recherche d'emploi n'aurait pas été si affecté par l'échec de ses démarches auprès de ses relations, car la difficulté réside dans la nature même de ce moyen d'exploration. Il faut être conscient du fait que peu d'employeurs sont enclins à engager des amis dans leur organisation. Une relation hiérarchique n'a rien de commun avec une relation amicale ; leur interférence serait dommageable aux deux.

Qu'en est-il maintenant du contact avec un tiers sur la recommandation d'un ami ? Là aussi, le lien amical pose des problèmes, parce que la tierce personne vous reçoit pour faire plaisir à cet ami. Elle sera sans aucun doute chaleureuse, et consacrera même beaucoup de temps à l'entrevue. Il est probable qu'elle demandera une copie de votre C.V., ajoutant qu'elle souhaite le montrer à d'autres personnes. Vous repartez plein d'espoir, mais vous risquez de comprendre plus tard que la motivation de l'entretien était fausse dès le départ. L'amabilité de votre hôte s'adressait en fait à l'ami qui vous a réunis.

Tout en gardant ces considérations à l'esprit, examinons maintenant les avantages d'un autre type de démarche qui, d'après mon expérience, est beaucoup plus susceptible d'aboutir à un résultat positif : celle que j'ai nommée la « consultation ».

Celle-ci doit répondre à trois critères :

1. Elle doit être demandée à un dirigeant que vous *ne connaissez pas.*
2. Son domaine ne doit pas avoir de rapport direct avec le vôtre.
3. Et surtout, cette consultation ne doit en aucun cas être faite avec l'intention, ou même le vague espoir, d'obtenir un emploi.

Chacun de ces points mérite une explication. Tout d'abord, supposons, comme c'est fréquemment le cas, que vous possédez des compétences utilisables dans différents domaines. Si, par exemple, les finances ou la vente n'ont pas de secret pour vous, mais que votre activité s'est cantonnée à un, deux, voire trois secteurs de production, il est temps d'explorer toutes les possibilités qui s'ouvrent à vous si vous devez (ou souhaitez) changer d'emploi. Or, très peu de gens songent à aller vers des situations qui les attirent simplement par goût, ou plus concrètement parce qu'elles ont un lien avec les activités extra-professionnelles qu'ils aiment pratiquer. Nous limitons ainsi notre horizon, car nous ne savons pas si notre expérience pourrait s'accorder à l'exercice d'une fonction qui nous est peu familière.

D'où l'utilité de la consultation, où il ne s'agit pas de demander un emploi, mais plutôt de vous informer sur vos possibilités d'en trouver dans telle ou telle branche d'activité. Poser la question à des consultants ou à des recruteurs professionnels est une chose, mais leur information est nécessairement de seconde main, et pas toujours récente. Par contre, s'adresser aux personnes les mieux placées dans un secteur donné a plus de chances d'être instructif.

Pourquoi est-ce que je recommande de rencontrer des dirigeants que vous ne connaissez pas ? Tout simplement parce qu'une personne qui accepte de vous recevoir à la suite d'un contact impersonnel et direct n'est motivée que par sa propre volonté, et non par des considérations personnelles et courtoises envers une relation. De votre côté, votre intérêt pour l'activité de votre hôte ne doit pas être feint. Ces conditions réunies, les résultats peuvent devenir aussi stimulants qu'inattendus.

Je me rappelle, à ce propos, un client qui dirigeait une entreprise familiale de conditionnement alimentaire, et que des « divergences d'orientation » opposaient à son père. Il dut songer, bien entendu, à changer d'employeur. L'industrie alimentaire restait naturellement au premier plan de ses recherches, mais il envisagea parallèlement d'explorer d'autres branches industrielles. Cet homme avait un intérêt particulier pour tout ce qui touchait à la navigation de plaisance. Il se demanda comment ses compétences pouvaient être employées dans l'industrie nautique et alla consulter des constructeurs et des architectes navals, ainsi que des navigateurs réputés. À tous, il posait la même question : « Y a-t-il une place dans ce secteur pour quelqu'un qui possède ma formation (M.B.A.), mon expérience (finance et direction) et ma passion pour la navigation ? » Il amassa, petit à petit, tous les renseignements qu'il cherchait, et constata qu'il existait un créneau dans la gamme des petits bateaux de plaisance. Entre autres caractéristiques, le bateau qu'il imaginait devait être assez léger pour être facilement remorqué par une voiture. Mon client retourna voir un des architectes qu'il avait rencontrés. Ils travaillèrent ensemble à la conception du bateau. Un constructeur vit les plans et se déclara intéressé par le projet. On construisit un prototype et, finalement, un grand constructeur acheta les droits d'exploitation du bateau. Ce dernier fit sensation en France au Salon nautique et il est devenu depuis un modèle courant, largement diffusé aux États-Unis et en Europe. Mon client est aujourd'hui à la tête d'une société d'exploitation des droits sur la fabrication de son bateau, et continue de travailler à l'heure actuelle à la conception de nouveaux prototypes, dont il envisage plus tard de gérer lui-même l'exploitation.

Les exemples de reconversions réussies, alliant travail et agrément, et offrant de plus une satisfaction professionnelle optimale ne sont pas si rares.

« Mais, comment — me demande-t-on souvent — aller voir un directeur que l'on ne connaît pas, juste pour lui poser des questions qui n'intéressent que nous ? »

La difficulté est plus apparente que réelle. Il suffit en effet de considérer les motivations d'une personne très occupée qui accepte une telle rencontre. Elle a, au moins, trois bonnes raisons de le faire :

- Les gens absorbés par leur profession trouvent rarement quelqu'un d'enthousiaste avec qui ils peuvent en parler.
- Ils apprécient, comme tout un chacun, qu'on les considère comme des autorités dans leur domaine, et la consultation leur confère incontestablement ce rôle.
- Ils ne détestent pas non plus donner un coup de main, qui ne leur coûte qu'un peu de leur temps.

L'entretien de sélection traditionnel implique toujours une certaine tension entre deux personnes qui n'ignorent pas qu'il se termine souvent par un rejet. C'est donc rarement une partie de plaisir, et les candidats l'envisagent plutôt avec réticence. C'est pourquoi il nous a semblé intéressant de voir comment l'analyse transactionnelle pouvait faciliter la conduite des négociations d'embauche, l'objectif étant d'instaurer — autant que possible — une relation Adulte-Adulte.

La consultation est d'une tout autre nature. Elle s'oriente délibérément vers une transaction Parent-Enfant ; elle réunit, d'un côté, quelqu'un (vous) qui admet ne posséder aucune des connaissances que l'autre (votre hôte) possède manifestement. La personne qui vous reçoit sera donc confortée dans son rôle d'autorité. Vous êtes également à l'aise, en dépit de votre ignorance avouée, puisque *vous n'avez rien à perdre* et beaucoup à gagner dans cette rencontre. Ces conditions très favorables promettent un échange plutôt agréable.

Le moment est venu d'examiner en détail les différentes étapes de la consultation. Son objectif est-il uniquement de recueillir l'information nécessaire à votre prospection ? C'est, sans aucun doute, un aspect important de cette consultation. Mais, vous pouvez en retirer par ailleurs deux autres bénéfices non négligeables. Premièrement, cela vous donne l'occasion de parler de vous de manière objective ; c'est une expérience dont vous pourrez profiter pour améliorer votre technique d'entretien, puisque la consultation vous permet de vous exercer à poser des questions, si utiles dans la négociation pro-active. Deuxièmement, il est assez facile d'obtenir, à la fin de l'entretien, une liste de gens à contacter, afin d'élargir le champ de votre prospection.

COMMENT ORGANISER UNE CONSULTATION?

Selon votre habileté à communiquer, choisissez d'écrire ou de téléphoner. Si vous optez pour la lettre, chaque mot doit être soigneusement choisi afin de transmettre le message proposé ci-après. Si vous optez pour le téléphone, vous devez posséder une certaine aptitude à traiter avec l'ange gardien de celui que vous voulez consulter, autrement dit sa secrétaire.

Quel que soit votre choix, l'approche la plus efficace sera celle-ci :

1. Vous ne demandez que quelques minutes de son temps.
2. Pourquoi? Parce que vous envisagez de changer de carrière et qu'il possède certaines réponses qui vous aideront à déterminer l'itinéraire à suivre.
3. Son domaine d'activité vous intéresse vivement, mais votre démarche ne constitue, en aucun cas, une candidature à un poste.
4. Vous vous présentez brièvement, en insistant sur vos activités présentes.
5. Vous demandez un rendez-vous aux date et heure qui lui conviendrait (ou vous indiquez, dans la lettre, que vous téléphonerez dans une semaine afin de fixer un rendez-vous).

Si vous vous y prenez bien, vous devriez recevoir au minimum cinquante pour cent de réponses positives.

SCÉNARIO D'UNE CONSULTATION

Vous êtes face à votre hôte. Un certain laps de temps s'est écoulé depuis votre requête. Votre hôte peut avoir oublié sa raison d'être, qui peut même lui avoir en partie échappé. Il commence donc la conversation de façon interrogative, même sceptique :

« Enchanté, Monsieur Duval. Mais, quelles sont, au juste, les raisons qui vous amènent ? »

M. Duval : « J'espère avoir été clair sur le fait que le propos de ma visite n'était pas de vous demander du travail, ni de vous vendre quoi que ce soit. Ma démarche concerne pourtant les orientations futures de ma carrière. J'ai toujours été attiré par la vocation d'accueil et de relation des métiers de l'hôtellerie. Aussi, ai-je voulu explorer également ce domaine d'activité. Naturellement, je ne voudrais pas perdre mon temps et celui des autres, si mon expérience n'est compatible avec aucune des professions de l'hôtellerie. C'est pourquoi je viens vous voir ; votre position vous permet d'avoir une vue d'ensemble, et je pense que vous êtes le mieux placé pour répondre à cette question : "Est-ce que mon expérience et mes compétences sont utilisables dans ce secteur professionnel ?" »

Son hôte : « Il faudrait, pour vous répondre, que je vous connaisse un peu mieux. Avez-vous apporté votre curriculum vitæ ? »

M. Duval : « Comme je vous l'ai dit, j'étudie actuellement mes possibilités. J'ai pensé qu'il vaudrait mieux rédiger un C.V. en fonction des informations que je pourrais recueillir. Mais je peux vous donner oralement les principaux éléments de mon expérience. »

(M. Duval consacre trois à quatre minutes à son exposé oral, qu'il a soigneusement préparé, de façon à ne pas perdre de temps en détails inutiles. Pour plus d'efficacité, il part de sa situation présente puis remonte dans le passé.)

Son hôte : « Vous semblez avoir une solide expérience professionnelle. J'avoue mal comprendre que vous quittiez un domaine que vous connaissez si bien, pour vous diriger vers un autre qui vous est totalement étranger. »

M. Duval : « Je comprends qu'un tel choix ne vous semble pas très sage. Vous serez moins surpris si je vous dis que ma précédente activité ne favorisait presque aucun contact avec les gens, que ce soit à l'intérieur ou à l'extérieur de mon entreprise. »

Son hôte souhaitera peut-être en savoir davantage avant de donner son avis. Il utilisera probablement l'une des deux voies suivantes.

Première formule

L'hôte : « Je comprends votre désir de changer d'activité, et visiblement vous êtes un bon gestionnaire. Je vous conseille, néanmoins, de vous intéresser à un domaine autre que le nôtre, car nous passons tous par des écoles d'hôtellerie, et les exceptions qui n'ont pas suivi cette voie ne correspondent pas du tout à votre profil. »

M. Duval : « Je regrette beaucoup de devoir éliminer cette possibilité. Mais, puisque nous sommes ensemble, j'aimerais que vous me disiez ce que vous feriez dans ma situation. Compte tenu des informations que je vous ai données, quelles directions vous paraîtraient les mieux adaptées ? »

L'hôte : « Eh bien, vous pourriez peut-être essayer du côté des transports. Cela satisferait votre goût des contacts et utiliserait votre expérience : gestion de stocks, fourniture de marchandises. »

M. Duval : « Cela me paraît une excellente idée. Connaîtriez-vous quelqu'un de bien placé, dans une compagnie aérienne par exemple, auprès de qui je pourrais faire la même démarche qu'avec vous ? »

(Votre formulation ne doit surtout pas suggérer que vous vous recommanderez de lui pour obtenir un emploi. Votre chaîne de contacts serait immédiatement rompue.)

Deuxième formule

L'hôte : « Votre idée d'entrer dans la profession hôtelière ne me paraît pas mauvaise. Vous êtes visiblement à l'aise avec les chiffres, et vous aimez les contacts. Ces deux qualités sont, bien sûr, indispensables dans notre métier. Alors, pourquoi ne pas essayer ? »

M. Duval : « Voilà une bonne nouvelle, je vous en remercie ! Comme je vous l'ai dit, j'ai l'intention de rédiger un curriculum vitæ qui tiendra compte de ce que j'aurai appris par vous et par d'autres. Je peux vous en envoyer un exemplaire, si cela vous intéresse. »

(La référence à ce que vous aurez « appris par lui et par d'autres » signifie à votre hôte que votre recherche s'étend au-delà de son bureau. Il est clair que vous lui avez fait bonne impression et qu'il vous estime capable de travailler dans sa branche professionnelle. La possibilité qu'un concurrent vous engage pourrait l'inciter à considérer plus sérieusement votre candidature.)

Bien entendu, ce scénario — bien que typique — peut être sujet à bien des variations. Tout dépend de votre situation.

Un schéma s'en dégage pourtant. Il respecte les critères énumérés plus haut :

1. Vous consultez quelqu'un que vous ne connaissez pas.
2. Vous le rencontrez quelques minutes seulement.
3. Vous lui précisez clairement que vous n'attendez pas de lui une offre d'emploi, bien que son activité présente un réel intérêt pour vous.

Vos objectifs sont :

1. Orienter votre recherche à partir d'indications solides.

2. Améliorer votre manière de vous présenter, sans l'appréhension de voir votre candidature refusée.
3. Recevoir des suggestions sur les autres secteurs que vous pouvez explorer, et auxquels — prisonnier de votre expérience — vous auriez pu ne pas penser.
4. Obtenir d'autres contacts, afin d'élargir le champ de vos possibilités.
5. Garder en tête le souci prioritaire de laisser de vous un souvenir positif et amical qui déclenchera des retombées favorables.

Vous pouvez également envisager des rencontres sem-blables dans de tout autres buts par exemple, si vous souhaitez changer de ville ou de pays, et que vous vouliez vous informer des conditions de vie et de travail locales, votre interlocuteur jouera encore le rôle de l'autorité comblant une lacune dans vos connaissances.

En résumé, l'entretien d'embauche est une rencontre où règne une certaine tension, tandis que la consultation est un échange ouvert et détendu, qui ouvre souvent des perspectives insoupçonnées et stimulantes à votre carrière.

CHAPITRE 13

NÉGOCIATIONS ULTÉRIEURES

Il est très rare qu'une offre d'emploi vienne clore un premier entretien. Si, malgré tout, cela se produit, le bénéficiaire devrait s'interroger sur les raisons d'une telle hâte. Parmi les milliers de changements de situation auxquels j'ai pu assister, je n'en connais qu'un qui ait donné lieu à une association satisfaisante après une seule rencontre.

Il est très difficile d'établir le scénario type des deuxième et troisième entretiens, compte tenu de la diversité des situations. Vous pouvez aussi bien rencontrer un supérieur hiérarchique de la personne qui vous a initialement reçu, ou bien plusieurs membres de l'équipe de direction, ou encore être invité à rencontrer vos pairs, ainsi que les gens susceptibles de travailler sous votre direction.

Nous pouvons, néanmoins, dégager quelques traits saillants communs à ces rencontres. Plus le nombre de candidats se restreint, et plus la sélection obéit à des critères autres que purement professionnels. Ce sont maintenant votre personnalité et votre capacité à vous insérer dans une équipe donnée qui feront la différence. On vous donnera certainement davantage de précisions sur les primes et compensations annexes, ainsi que sur les conditions de travail.

À ce point, les principes de négociation exposés au chapitre 2 se révéleront à nouveau efficaces. Vous et votre futur employeur avez établi une certaine communauté de vue sur le sujet de la rémunération. Il est temps, maintenant, d'en examiner les termes en détail.

Si satisfaisantes que soient leurs conventions verbales, aucun des partenaires ne doit les considérer comme acquises tant qu'elles n'ont pas fait l'objet d'un accord écrit signé par les deux parties, reprenant chacun des points évoqués oralement.

J'ai connu en effet plusieurs cas où la victime apprend avec stupeur que tous les engagements qu'elle tenait pour fermes sont rompus. L'exemple le plus frappant dont je me souvienne est celui d'un directeur de laboratoire d'une usine de détergents. Sans possibilité de promotion, il se mit en quête d'une nouvelle situation, et crut qu'il avait trouvé un emploi identique au sien, mais beaucoup plus important, chez un concurrent mondialement réputé. Une vigoureuse poignée de mains conclut leur engagement mutuel, et en raison de la grande renommée de son « futur employeur », il n'hésita pas à démissionner de son précédent poste. Ayant pris toutes les dispositions nécessaires à sa nouvelle activité — changement de résidence compris — il reçut le télégramme suivant :

« Regret vous informer restructuration du département recherche nous oblige renoncer utiliser vos services. Lettre suit. »

Une lettre, contenant quelques regrets supplémentaires, suivit en effet, laissant son destinataire démoralisé et confronté à une recherche d'emploi particulièrement difficile, vu sa haute spécialisation.

Toute personne peut accepter un poste à la suite d'un engagement écrit récapitulant les points essentiels de son contrat. Il ne faut surtout pas être dupe de ce genre de propos : « Dans notre petit groupe, nous n'avons pas besoin d'accords écrits, c'est contraire à notre esprit d'équipe, où chacun fait confiance à la parole de l'autre. Etc. » C'est une forme de manipulation élémentaire, qui ne peut qu'être source de malentendus, de méfiance et finalement de désaccord sur les termes convenus au départ, et il n'est pas bien difficile d'imaginer quelle sera la version qui prévaudra.

POINTS À PRÉCISER
DANS LA LETTRE D'ENGAGEMENT

- Date d'embauche.
- Titre et fonction.
- Période d'essai.
- Rémunération.
- Gratifications (primes, intéressement, participation, etc.).
- Avantages sociaux (régime de retraite, assurance collective, assurance-vie, etc.).
- Avantages en nature (automobile, restaurant d'entreprise, etc.).
- Convention collective et usages particuliers à l'entreprise.
- Périodes de vacances et mode de calcul.
- Remboursement des frais de déplacement et autres dépenses.
- Remboursement des frais en cas d'affectation lointaine ou à l'étranger (déménagement, logement, calcul de votre salaire en devises étrangères et réactualisation du taux de change, séjours accordés dans le pays d'origine, etc.).
- Modalités de fin de contrat (préavis, indemnités, etc.).

De nombreux dirigeants sont aussi d'excellents vendeurs, c'est une qualité inhérente à leur fonction. Des deux parties, celle qui accepte une nouvelle situation prend le plus gros risque. Il est donc essentiel pour le postulant, plus encore que pour l'employeur, que l'engagement pris garantisse les meilleures chances de succès à leur association.

Pour cette raison, et afin de minimiser les risques, le candidat doit rechercher l'information la plus complète concernant sa future entreprise. J'ai assisté à trop de déconvenues pour ne pas ajouter ce dernier conseil. Celle, par exemple, d'un ingénieur chimiste, qui s'était fait engager par une petite société dont les bénéfices avaient fait, chaque année, un bond de cinquante pour cent depuis cinq ans; ces perspectives lui paraissaient illimitées, jusqu'à ce qu'il entre dans ses fonctions, et qu'il apprenne que l'énorme hausse des ventes était due en fait à une concurrence déloyale qui valut à cette société d'être poursuivie par les tribunaux deux mois plus tard.

La période d'essai et la difficulté d'obtenir une information financière précise aggravent les risques que court tout nouvel arrivant. Excepté dans les entreprises publiques — ou de grande envergure — où les renseignements chiffrés sont aisés à obtenir, le recours à certaines méthodes permet de recueillir l'information qui vous manque, avant de signer votre contrat :

1. Vous pouvez vous adresser à des amis qui travaillent en relation avec l'entreprise en question, ou dans un domaine similaire. Il est habituel, en effet, que les sociétés soient bien renseignées sur leurs concurrents. (Tenez compte, malgré tout, de la partialité possible d'une telle source.)
2. Informez-vous également auprès de votre banquier. Il est naturellement tenu au secret, et ne peut vous donner des chiffres précis. Son attitude vis-à-vis de votre requête devrait, cependant, vous fournir des indices certains. Après tout, la santé de vos finances le concerne aussi.

3. Consultez les annuaires et fichiers spécialisés (auprès des chambres de commerce, des agences pour l'emploi, etc.), ainsi que les revues d'affaires.

En conclusion, rien n'est plus flatteur que de se voir offrir une excellente situation. On l'accueille même avec soulagement, après des démarches pas toujours faciles. Vous disposez cependant d'un capital (formation, expérience, etc.) et les quelques heures que vous consacrerez à le faire fructifier et à le valoriser, tout en étudiant de façon réaliste vos perspectives d'avenir, constituent, somme toute, un faible investissement pour des bénéfices d'une valeur inestimable.

CHAPITRE 14

EN RÉSUMÉ

Depuis la définition de vos objectifs jusqu'à l'ultime négociation d'une nouvelle ou d'une meilleure situation, nous vous avons livré de nombreuses suggestions. Pour vous permettre de vous y référer rapidement, nous reprenons dans le présent chapitre les points critiques auxquels vous devez particulièrement prêter attention afin de bien négocier le prochain tournant de votre carrière. Voici donc les éléments essentiels sur lesquels la préparation de vos recherches doit porter.

Vos objectifs sont-ils bien définis?

Si la réponse est négative, vous ne saurez même pas pourquoi vous négociez; cela peut laisser penser à votre interlocuteur que vous n'avez qu'une vague conscience de vos motivations, ce qui ne cadre guère avec les fonctions d'un responsable. **La définition de vos objectifs est la base indispensable de votre recherche.** Négliger cette étape au profit de démarches qui vous paraîtraient plus efficaces reviendrait à placer la charrue avant les bœufs.

Vous est-il difficile de maîtriser votre communication non verbale ?

Cela demande beaucoup d'humilité et suppose que vous acceptiez de voir l'image que les autres ont de vous, même si la franchise de leurs témoignages risque de remettre en cause la perception que vous avez de vous-même. C'est malgré tout essentiel, car, ainsi que nous l'avons plusieurs fois souligné, la première impression que vous donnez à votre interlocuteur est déterminante. On engage des êtres humains et non des diplômes. Si l'on admet que la moitié de la communication n'est pas verbale, l'importance des premiers instants de l'entretien devient évidente.

Les principes de base de l'analyse transactionnelle sont-ils clairs pour vous ?

Si ce n'est pas le cas, le danger de tomber dans une relation Parent-Enfant lors des entretiens d'embauche peut vous échapper. Je vous suggère la lecture de quelques ouvrages concernant ce sujet : *Naître gagnant, L'analyse transactionnelle dans la vie quotidienne* de James et Jongeward, *D'accord avec soi et avec les autres*, *Guide pratique d'A.T.* de Thomas Harris. Si vous souhaitez étudier cette technique — très utile dans les relations humaines — de façon plus approfondie, vous pouvez assister à des conférences ou participer à des séminaires sur l'analyse transactionnelle dans la plupart des pays occidentaux. Assurez-vous cependant que leur organisation a été confiée à des autorités compétentes. Une connaissance superficielle est préférable à une information frelatée.

Êtes-vous prêt à poser des questions et à adopter le rôle d'« offreur » de services ?

Il est nécessaire de comprendre les besoins de la société à laquelle vous vous adressez comme de connaître vos objectifs. Il n'existe pas à ma connaissance de meilleur moyen d'apprendre ce que les autres attendent de vous que de les interroger. Ainsi que je l'ai dit, il n'est pas de question, en négociation d'embauche, à laquelle on ne puisse répondre par une autre question. Par ce moyen vous pourrez cerner le profil que votre interlocuteur recherche, et le degré de concordance entre les qualités requises et celles que vous pouvez offrir.

Êtes-vous préparé à des rejets répétés ?

Vous devez vous attendre à ce que six sur sept de vos premiers entretiens ne mènent nulle part. Cela peut provenir de votre manque d'enthousiasme devant la situation proposée ou, comme c'est souvent le cas, du fait que vous ne possédez pas toutes les qualités souhaitées par la direction de l'entreprise. Cette proportion de réponses négatives est parfaitement normale dans une recherche d'emploi. Pourtant, certaines personnes, trop vulnérables sans doute, interprètent chaque refus comme un échec personnel. Si vous avez de deux à cinq propositions d'emploi intéressantes — c'est un minimum, si vous voulez avoir des critères de comparaison et de choix — cela suppose un nombre important de premiers contacts, dont beaucoup ne seront pas fructueux. Il est donc indispensable que ce schéma, tout à fait habituel, n'entame pas votre moral, ce qui compromettrait les contacts suivants.

Arrivez-vous trop facilement à des jugements négatifs ?

Toute première rencontre avec un employeur potentiel devrait être envisagée comme un jeu. Une chance vous est donnée, il faut la tenter. Si dès les premières discussions vous vous laissez chaque fois rebuter par des détails aussi insignifiants que la physionomie de votre interlocuteur, le décor de son bureau, ou même les odeurs en provenance de la cafétéria, cela pourrait être symptomatique d'une tendance à rejeter l'autre de crainte qu'il ne vous rejette.

Faites-vous trop confiance aux autres ?

En ce cas, mieux vaudrait corriger cette tendance. Tout changement de société comporte des risques. Par ailleurs, les dirigeants d'entreprise savent souvent se montrer persuasifs. S'ils souhaitent s'associer les services de quelqu'un, ils auront plutôt tendance à insister sur les avantages et passer sous silence les inconvénients, voire à peindre une situation bien meilleure qu'elle n'est en réalité. J'ai assisté à trop de cuisantes déceptions pour ne pas vous inciter à vous renseigner soigneusement sur celui qui pourrait devenir votre employeur. Que disent les organismes de crédit ? Vous pouvez également interroger un concurrent car, paradoxalement, c'est une source plus objective que le futur employeur lui-même. Votre banque peut aussi vous renseigner sur la validité des informations que vous avez recueillies.

Êtes-vous parfois trop prompt à dire oui ?

Le scepticisme raisonnable que nous venons de préconiser devient indispensable devant une offre concrète d'emploi. **Ne vous engagez jamais avant d'avoir reçu une proposition écrite.** Je connais plusieurs cadres dont la progression s'est trouvée considérablement ralentie parce qu'ils s'en étaient tenus à des promesses verbales. Ce préjudice n'est pas toujours dû à la mauvaise foi des employeurs, mais eux-mêmes sont parfois victimes de bouleversements soudains : rachat ou fusion de leur entreprise qui peuvent entraîner le gel de l'embauche, suppression ou remplacement de leur poste. Vous devez, pour vous et votre famille, vous prémunir contre ces éventualités. Ne vous fiez surtout pas à ce discours : « Ici, nous ne formons qu'une grande famille, un engagement écrit serait une trahison de l'esprit de confiance qui règne parmi nous. »

Une fois que vous vous êtes engagé, vous sentez-vous lié définitivement ?

Je pense que la plupart des employeurs admettront avec moi qu'un candidat qui reçoit une meilleure offre après s'être engagé à entrer dans une société devrait choisir dans son intérêt — et le leur — de rompre son premier contrat, malgré les problèmes que cela peut poser. Cela occasionnera sans doute quelques inconvénients pour l'entreprise concernée, mais celle-ci a les moyens d'y faire face. En revanche, entrer dans une société par « devoir », en sachant que l'on perd ainsi une situation plus satisfaisante, n'est pas la meilleure des motivations pour apporter une contribution de qualité à une organisation.

Pour le candidat, la décision cruciale intervient générale-ment lorsqu'il jongle entre deux transactions en cours dont l'une demande son accord — qu'il donne pour ne pas perdre cette possibilité — et dont l'autre — concernant l'offre d'emploi la plus intéressante — se concrétise une fois que les premiers engagements sont pris. Si une telle situation se profile à l'horizon, soyez très attentif à la formulation de votre engagement. Préférez par exemple l'« accord de principe » sous réserve de recevoir une proposition écrite. Quand celle-ci vous parvient, repérez les points qui méritent d'être clarifiés, et demandez un complément légitime d'information. Ces petits raffinements vous accordent un délai supplémentaire, pendant lequel le poste que vous préférez peut vous être proposé. Si toutefois vous n'avez pas pu retarder suffisamment votre engagement auprès de votre premier employeur, et si l'offre que vous espériez se concrétise, faites face à la situation, et entrez dans la carrière qui correspond le mieux à vos aspirations.

Tentez-vous par tous les moyens d'obtenir de nouveaux contacts avec votre interlocuteur?

Il vous est peut-être arrivé de sélectionner vous-même des candidats. Dans ce cas, vous savez sans doute à quel point il est facile d'oublier en quelques jours les noms et les visages de ceux que vous avez rencontrés. Chaque nouveau contact avec votre interlocuteur ravive le souvenir qu'il a de vous. Nous vous avons suggéré plusieurs façons de donner suite au premier entretien : proposer de préciser par téléphone la date de votre disponibilité, ou fixer la date approximative d'une première réponse (et d'un éventuel rendez-vous). Même après une seconde rencontre, vous avez la possibilité de rester en contact avec l'employeur. Si son silence se prolonge, recherchez par exemple un article concernant sa société. Vous le lui envoyez avec un simple mot d'accompagnement («Avez-vous eu connaissance de cet article paru hier dans ******. J'ai pensé qu'il pourrait vous intéresser.») Vous pouvez naturellement puiser à d'autres sources d'information. J'ajouterai que j'ai moi-même reçu des renseignements utiles par ce biais, et que j'en ai toujours été reconnaissant à leurs expéditeurs. L'essentiel est de **maintenir le contact**. Un autre que vous pourrait fort bien avoir été choisi sans que vous en ayez connaissance.

Comptez-vous sur la recommandation de personnes haut placées pour obtenir un emploi?

C'est une démarche qui me paraît périlleuse. Par exemple, si vous rencontrez un directeur du marketing pour la première fois, et que vous vous recommandez d'une des relations du vice-président, vous susciterez des doutes dans l'esprit de votre interlocuteur quant à vos compétences réelles. Et honnêtement, engageriez-vous quelqu'un qui pourrait courcircuiter la hiérarchie par ses liens privilégiés avec vos supérieurs?

Avez-vous pris l'habitude de conserver des notes sur le contenu de vos entretiens ?

Quelques jours suffisent à brouiller la mémoire. Il est donc indispensable de garder une trace écrite de vos rencontres, en particulier si vous avez entrepris une vaste campagne de recherche, ce qui augmente le risque de confusion entre les différentes situations. Chaque nouveau contact avec le même employeur nécessite de se rappeler ce qui a été dit auparavant, afin d'éviter les incertitudes et les hésitations embarrassantes qui parasiteraient la communication.

En articulant votre recherche sur les principaux points repris dans ce résumé, vous pourrez aborder l'exploration de nouvelles possibilités de carrière avec les meilleurs atouts. Je vous suggère cependant de revenir plusieurs fois sur les suggestions détaillées des chapitres précédents, afin de vous inspirer de leur esprit de façon presque automatique dans vos réponses. En d'autres termes, j'aimerais que vous envisagiez ce livre non comme une liste d'instructions que vous lirez consciencieusement avant de les laisser de côté, mais plutôt comme une sorte de guide ou de mode d'emploi — un peu comme la notice d'utilisation d'un appareil — que vous consulterez chaque fois qu'une situation nouvelle se présentera. Et peut-être d'autant plus que les recommandations que vous y trouverez s'écarteront des habitudes que vous avez acquises dès le plus jeune âge.

Modifier ses comportements ne se fait pas du jour au lendemain. Il n'y a pas de formule miracle. L'attitude la plus sûre est de conserver à l'esprit, lors de chaque entretien, les quatre critères qu'une carrière désirable doit réunir, qui sont, par ordre de priorité :

- **La satisfaction professionnelle** Travailleriez-vous avec enthousiasme à ce poste?
- **Les possibilités de développement** En termes d'épanouissement personnel (acquisition de nouvelles techniques ou méthodes de direction) d'une part, en termes d'évolution professionnelle (responsabilités et gratifications accrues) d'autre part.
- **La qualité de l'environnement** Cela comporte plusieurs éléments: Est-ce avec fierté et conviction que vous envisagez de vous associer au produit ou au service proposé par la société? Celle-ci est-elle située dans une région qui vous plaît? Quel genre de personnes travailleront avec vous?
- **La satisfaction matérielle** Si j'ai placé le salaire en quatrième position, ce n'est pas parce que je juge cet élément peu important, mais parce que je suis convaincu que cette quatrième condition sera remplie **si** les trois premières sont réunies.

Si vous êtes d'accord avec cette définition de la carrière idéale et si dans vos démarches vous vous inspirez des conseils contenus dans le présent livre, alors je n'ai pas besoin de vous souhaiter bonne chance. Je le fais néanmoins.

BIBLIOGRAPHIE

Légende

*   Ouvrage traitant de la façon d'explorer le marché du travail.

**   Ouvrage traitant de l'analyse transactionnelle et des communications avec les autres.

F/A Ouvrage disponible en français et en anglais.

Français

* *À la recherche d'un nouvel emploi*, J. Rudoff, Hachette.

* *Au bonheur des cadres*, A. Tic, Mame.

* *Chasseur de tête*, J.C. Lasante, Hachette.

* *Chercheurs d'emploi, n'oubliez pas votre parachute*, R. Bolls, S. Messinger.

* *Comment trouver une situation*, D. Porot, Éditions d'Organisation.

** *Communication ou manipulation*, M. Cornelius, directeur de recherche, Empirika.

F/A** *D'accord avec soi et avec les autres*, T. Harris, Avon.

** *L'analyse transactionnelle*, Lardons, Lenhard, Nicolas, Éditions d'Organisation.

* *L'art de chercher une situation*, Carl Boll, Publi-Union.

F/A** *Le Joueur*, M. Maccoby, Inter Éditions.

F/A** *Naître gagnant*, James & Jongeward, Inter Éditions.

** *Ne vous laissez plus faire*, W. Dyer, Éditions Sand.

* *Pourquoi et comment changer de métier*, APEC, Mame.

F/A** *Que dites-vous après avoir dit bonjour ?*, E. Berne, Tchou.

* *Retrouver l'emploi*, C. Ravenne, Entreprise moderne d'édition.

* *Stratégie de chercheur d'emploi*, M. Lerond, L. Genain, Vecchi.

Anglais

F/A** *Born to win*, James & Jongeward, Addison Wesley.

** *Creative aggression*, Bach & Goldberg, Avon.

** *Guerrilla tactics in the job market*, T. Jackson, Bantam.

F/A** *I'm OK, you're OK*, T. Harris, Avon.

** *Management and Machiavelli*, A. Jay, Bantam.

** *Passages*, G. Sheeny, Bantam.

F/A** *What do you say after you say hello ?*, E. Berne, Gorgi.

* *Your Career*, P. Buskirk, Mentor.

** *Your erroneous zones*, N. Dyer, Funk & Wagnalls.

COMPOSÉ AUX ATELIERS
GRAPHITI BARBEAU. TREMBLAY INC.
À SAINT-GEORGES-DE-BEAUCE

Achevé d'imprimer
en mars 1987 sur les presses
des Ateliers Graphiques Marc Veilleux Inc.
Cap-Saint-Ignace, Qué.